示范性职业教育“十四五”重点建设教材

高速铁路客运人员礼仪与形象塑造

（智媒体版）

主　编　张　琴　蒋　悦　杨　俊
副主编　杜春光　袁宁丽　叶　丽　贺　倩　黄建蓉
编　委　王心雅　王　蕊　刘颖嘉　唐秀梅　蒋宗波
主　审　陈春华

课件、教案及配套习题

西南交通大学出版社
·成　都·

图书在版编目（CIP）数据

高速铁路客运人员礼仪与形象塑造 ：智媒体版 / 张琴，蒋悦，杨俊主编. — 成都 ： 西南交通大学出版社，2022.1
ISBN 978-7-5643-8592-7

Ⅰ. ①高… Ⅱ. ①张… ②蒋… ③杨… Ⅲ. ①高速铁路－乘务人员－礼仪－中等专业学校－教材②高速铁路－乘务人员－形象－设计－中等专业学校－教材 Ⅳ. ①U293. 3

中国版本图书馆 CIP 数据核字（2022）第 016498 号

Gaosu Tielu Keyun Renyuan Liyi yu Xingxiang Suzao
(Zhimeiti Ban)

高速铁路客运人员礼仪与形象塑造
（智媒体版）

主编　张琴　蒋悦　杨俊

责任编辑　赵玉婷
助理编辑　周媛媛
封面设计　GT 工作室

出版发行　西南交通大学出版社
（四川省成都市金牛区二环路北一段 111 号
西南交通大学创新大厦 21 楼）
邮政编码　610031
发行部电话　028-87600564　028-87600533
网址　http://www.xnjdcbs.com
印刷　四川煤田地质制图印刷厂

成品尺寸　185 mm × 260 mm
印张　8
字数　180 千
版次　2022 年 1 月第 1 版
印次　2022 年 1 月第 1 次
定价　38.00 元
书号　ISBN 978-7-5643-8592-7

课件咨询电话：028-81435775
图书如有印装质量问题　本社负责退换

前 言

高速铁路客运人员礼仪与形象塑造是职业院校铁路客运服务专业的一门主干专业课程。为深化中等职业学校教学改革，加快职业教育教材建设，适应中等职业教育发展的形式，我们尝试编写了《高速铁路客运人员礼仪与形象标，根据中职铁路客运服务类专业毕业生主要就业岗位的职业能力和素质要求，以“出乘前、作业中、退乘后”的工作逻辑为主线来设计整个教材思路。本书共分为六个项目，主要内容包括：高铁行业认知、礼仪认知、高铁客运人员服饰与妆容塑造、高铁客运人员仪态塑造、高铁客运服务礼仪、高铁客运人员职业道德。

本书编写力争适用范围广、实用性强、有创新，其具备以下几个方面的特点：

1. 教材内容项目化

本书紧贴工作实际，结合客运人员工作内容，按照出乘前、作业中、退乘后三个工作流程进行编写，以工作项目为导向，形成若干典型工作任务，凸显教材实用性。

2. 专业标准形象化

本书结合高铁客运人员形象规范，拍摄大量优质的仪容仪表与仪态塑造图片，使学习内容更加生动，在激发学生学习兴趣的同时，更能让学生掌握形象规范与标准。

3. 能力培养职业化

本书每个项目后都结合项目特色设置了不同的课后练习与训练，注重学生知识与能力的考核，使学习内容更具有职业性，提高学生的综合职业能力。

根据“教学大纲”，本书约需 72 个学时，参考学时建议见下表：

序 号	项目内容	任务内容	理论学时	实践学时	总学时
1	项目一 高铁行业认知	任务 1 交通运输业简介	2	0	8
		任务 2 高速铁路发展概况（“十四五”规划）	2	0	
		任务 3 高铁客运行业认知	4	0	
2	项目二 礼仪认知	任务 1 礼仪的概述	2	0	6
		任务 2 礼仪的起源和发展	2	0	
		任务 3 礼仪的原则和作用	2	0	

续表

序 号	项目内容	任务内容	理论学时	实践学时	总学时
3	项目三 高铁客运人员服饰与妆容塑造	任务 1 高铁客运人员服饰搭配规范	1	3	12
		任务 2 高铁客运人员发型规范	0	2	
		任务 3 高铁客运人员仪容规范	0	2	
		任务 4 高铁客运人员化妆规范与塑造	0	4	
4	项目四 高铁客运人员仪态塑造	任务 1 表情礼仪	0	2	18
		任务 2 体态礼仪	0	8	
		任务 3 手势礼仪	0	4	
		任务 4 综合礼仪练习	0	4	
5	项目五 高铁客运服务礼仪	任务 1 高铁服务礼仪	2	0	22
		任务 2 高铁服务语言礼仪	1	3	
		任务 3 高铁客运站服务礼仪	0	8	
		任务 4 高铁列车服务礼仪	0	8	
6	项目六 高铁客运人员职业道德	任务 1 铁路职业道德认知	2	0	6
		任务 2 铁路职业道德宗旨和基本规范	2	0	
		任务 3 铁路职业道德修养	2	0	
合计			24	48	72

本书由四川核工业技师学院张琴、蒋悦、杨俊担任主编，杜春光、袁宁丽、贺倩、叶丽、黄建蓉担任副主编，王心雅、王蕊、刘颖嘉、唐秀梅、蒋宗波老师参与了编写工作，陈春华主要负责审稿。同时本书在编写过程中，借鉴和参考了国内的同类著作，在此特向有关作者致谢！

在编写过程中，尽管我们做出很大努力，但由于编者水平有限，书中难免有些许疏漏之处，恳请广大读者批评指正。

编　者

2022 年 1 月

目　录

项目一 高铁行业认知

任务 1 交通运输业简介

交通运输业是人类社会至关重要的生产行业。人们利用各种运输工具将运输对象从一个地方运送到另一个地方，使其空间位置发生变化。无论在任何时代，它都与人类生产和生活密不可分，对社会政治、经济、文化等各方面起着十分重要的作用，是联系各地区、各行业、各生产部门的桥梁和纽带。当前，交通运输业不断综合化、现代化，为社会生产提供更加全面的服务。运输服务业是指为运输生产服务的行业，在交通运输业逐步成熟的过程中，在运输生产的各个环节无不需要为运输对象提供精心服务的工作岗位。

教学目标

1. 知识目标

了解现代交通运输的不同方式和世界交通运输发展的几个阶段，理解现代交通运输发展的趋势。

2. 能力目标

掌握各种交通运输形式的特点。

3. 素质目标

通过了解祖国铁路建设的历史，培养民族自信心、自尊心，培养爱国情怀和爱岗敬业的工作态度。

一、现代交通运输方式

现代交通运输方式

交通运输实现了运输对象在空间上的位移，按照运输方式的不同，现代交通运输可分为铁路运输、公路运输、水路运输、民航运输和管道运输五类。

1. 铁路运输

铁路运输是运用列车运送旅客和货物的运输方式，在社会生产过程中起着重要的作用。它具有运量大、速度快、成本较低、环境污染小、一般不受气候条件限制等特点，适合于大宗、笨重货物的长途运输。

但铁路运输也有缺陷，如运输线路必须是轨道、建设所需投资大等，使其在一定程度上受到限制。

我国铁路发展起步较晚，但由于幅员辽阔，人口众多，铁路运输对国家经济发展至关重要。系统的铁路建设在中华人民共和国成立后才逐步开展，在 70 多年的发展中，一代代铁路人奋发图强，逐步将我国建设成为铁路强国。高速铁路以更快的速度和更高的舒适性成为了更多人出行的选择。截至 2020 年年底，中国共建成通车时速 300 ~ 350 千米高速铁路 26 条，合计 14 363 千米；时速 200 ~ 250 千米客运专线和干线铁路 69 条，合计 23 150 千米；时速 200 ~ 250 千米城市圈城际铁路 14 条，合计 850 千米，共计 38 363 千米，如表 1.1.1 所示。

表.1.1.1 中国 300 ~ 350km/h 高速铁路列表

线路名称	工程名称	起止站点	运营里程（km）	通车时间	设计速度（km/h）	运营速度（km/h）
京广高速线	京石高铁，石武高铁石郑段	北京西—郑州东	693	2012/12/26	350	300
	石武高铁郑州段	郑州东—武汉	536	2012/09/28		300
	武广高铁	武汉—广州南	1069	2009/12/26		300
京沪高速线	京沪高铁	北京南—上海虹桥	1318	2011/06/30	350	350
京津城际线	京津城际	北京南—天津 120		2008/08/01	350	350
	京津城际延伸线	天津—滨海	45	2015/09/20	350	300
京雄城际线	京雄城际	李营—大兴机场	34	2019/09/26	350	300
		大兴机场—雄安	59	2020/12/27		
京张高速线	京张高铁	北京北—张家口	172	2019/12/30	350	350
广深港高速线	广深港高铁	广州南—福田	111	2011/12/26	350	300
京哈高速线	京沈高铁	承德南—沈阳	504	2018/12/29	350	300
	哈大高铁	沈阳北—哈尔滨	538	2012/12/01		
沈大高速线	哈大高铁	沈阳北—大连北	383	2012/12/01	350	300
徐兰高速线	郑西高铁	郑州东—西安北	523	2010/02/06	350	250
	西宝高铁	西安北—宝鸡南	167	2013/12/28	350	300
	郑徐高铁	郑州东—徐州东	360	2016/09/10	350	300
沪昆高速线	沪杭城际铁路	上海虹桥—杭州东	159	2010/10/26	350	300
	杭长高铁	杭州东—长沙南	924	2014/12/10		
	沪昆高铁湖南段	长沙南—新晃西	420	2014/12/16		
	沪昆高铁新晃西至贵阳北段	新晃西—贵州北	286	2015/06/18		
	沪昆高铁贵昆段	贵州北—昆明南	463	2016/12/28		
杭深线杭甬段	杭甬高铁	杭州东—宁波	155	2013/07/01	350	300
盘营高速线	盘营高铁	盘锦北—海城	90	2013/09/12	350	300
沪宁城际线	沪宁城际铁路	上海—南京	301	2010/07/01	300	300
合蚌客专线	合蚌高铁	合肥—蚌埠南	132	2010/10/16	350	300

续表

线路名称	工程名称	起止站点	运营里程（km）	通车时间	设计速度（km/h）	运营速度（km/h）
宁杭高速线	宁杭高铁	南京南—杭州东	254	2013/07/01	350	300
津秦高速线	津秦高铁	天津—秦皇岛	287	2013/12/01	350	300
合福高速线	合福高铁	合肥北城—福州	850	2015/06/28	300	300
成渝高速线	成渝高铁	成都东—沙坪坝	299	2015/12/26	350	350
济青高速线	济青高铁	济南东—红岛	305	2018/12/26	350	300
武西高速线孝感至十堰段	汉十城际铁路	云梦东—十堰东	377	2019/11/29	350	300
郑渝高速线郑州至襄阳段	郑万高铁	郑州东—襄阳东	389	2019/12/01	350	300
日兰高速线日照至曲阜段	鲁南城际铁路	曲阜东—日照西	225	2019/11/26	350	300
潍荣高速线潍坊至莱西段	潍莱高铁	潍坊北—莱西	122	2020/11/26	350	300
郑阜高速线	郑阜高铁	郑州南—阜阳西	276	2019/12/01	350	300
京港高速线	商合杭高铁	商丘—合肥北城	378	2019/12/01	350	300
	商合杭高铁合肥至湖州段	肥东—湖州	309	2020/06/28	350	300
	合安高铁及联络线	合肥南—安庆	170	2020/12/22	350	300
	昌吉赣高铁	横岗—赣州西	402	2019/12/26	350	300
盐通高速线	盐通高铁	盐城—南通西	158	2020/12/30	350	300
合计			14363			

2.公路运输

公路运输是运用汽车等运输工具在公路上运送旅客和货物的运输方式，是交通运输系统的重要组成之一，以短途客货运输为主。在地理环境复杂、人烟稀少、铁路和水运难以发展的边远地区，公路运输是主要的交通方式，起着运输干线的作用。

一般公路运输网比铁路、水路网的密度大十几倍，可以分布在绝大部分地方，因此公路运输的车辆总是“无处不到、无时不有”。它也有很大的机动性，车辆调度、装运，各环节之间衔接所需时间也较短，无论客、货运量多少都具有很强的适应性。在中、短途运输中，公路运输可以实现“门到门”的运输服务，中途不需要倒运、转乘就可以将客货运达目的地。与其他运输方式相比，公路运输运送时间较短，速度也较快，有很强的可达性。

3.水路运输

水路运输是利用船舶等其他浮运工具，在水面上运送旅客和货物的运输方式。人类自古以来沿河而居的习俗使水路运输成为各种主要运输方式中兴起最早、历史最长的运输方式。它运输能力强、运输成本低的特点使其与其他运输形式相比具有很大的优势，至今仍是世界上许多国家重要的运输方式之一。

4.民航运输

民航运输是使用飞机等运输工具运送旅客和货物的运输方式。它快速、机动的特点，使其成为现代远程旅客出行的重要选择，也是国际贸易中贵重物品、鲜活货物和精密仪器运输的首要选择。民航运输业具有安全舒适性、准军事性、国际性、运营成本高的特点。

5.管道运输

管道运输是在铺设的管道中，通过加压使能流动的气体、液体发生位移的运输方式。它具有输送能力大，既经济又不污染环境的特点。

在现代工业运输中，管道运输一般运输气体、液体等货物，但也可以将矿石、煤炭等固体货物处理后运往目的地。管道运输具有很好的发展前景，但当前仅适用于货物运输，而且品种单一，同时修建管道的初期投资也比较大。

二、世界交通运输的发展史

纵观世界交通运输业的发展史，可将其划分为四个阶段和三次革命。每个阶段都有一种或几种运输工具成为标志，每次革命都给人类社会的发展带来了深远影响，使社会文明进程得以加快。

1. 水上运输阶段（19 世纪 20 年代之前）

人类早期的运输方式是手提、肩扛或头顶。随着人类活动范围的逐步扩大，社会生产力的提高，出现了最早的交通工具——独木舟，随后简单的车辆也逐渐出现，进而有了最初的航线和道路。船舶和车辆的发明与使用，使交通运输进入了新的阶段，这就是运输史上的第一次革命。它使得邮递业、客运业和货运业出现并发展起来，有了专门从事运输的商人，运输业得以更快发展。在我国秦朝时，国家颁布了“车同轨”的法令，形成了以咸阳为中心向外辐射的“驰道”。陆地交通发展的同时，水上运输发展更加迅速，随着人类对河流和海洋认识的加深、各种人工运河的开发、造船技术的进步、指南针的使用，水上运输迅速发展，开辟出许多航线，我国隋代开凿了世界上最早、规模最大的大运河，盛唐时开辟了“海上丝绸之路”。明朝郑和的船队多次远赴西洋，极大地促进了地域间的交流。

14 世纪以后，出现了以风力为动力的三桅帆船。凭借这些航海设备和航海技术，欧洲人开辟了新航路，进行了环球航行，发现了新大陆，世界进入了“地理大发现”时代，揭开了交通运输发展史的新篇章。对世界政治、经济、文化产生了巨大的影响。三桅帆船成为运输业第二次革命的标志。

这一时期，水上运输与陆地运输相比，无论从运输能力、成本，还是从便捷程度来说，都更加具有优势。因而这一阶段称为“水运阶段”。

2. 铁路运输阶段（从 19 世纪 20 年代到 20 世纪 30 年代）

两次交通运输革命，使交通运输有了显著的发展，但运输工具的动力还只是畜力、人力和风力，难以实现更快的运输。直到 18 世纪末期蒸汽机被发明，它是人类历史上一个重要的里程碑。蒸汽机被安装在船舶和火车上，动力的改变使交通运输得到了突破性的发展。1807 年世界上第一艘蒸汽机船“克莱蒙特”号在纽约哈德孙河下水运行。1825 年，世界第一条铁路线路从英国斯托克顿到达灵顿正式通车，标志着运输史上第三次革命的到来，宣告了铁路时代的开启。

铁路运输量大、速度快的特质，使其几乎垄断了当时的运输市场，成了当时最受欢迎的交通运输形式，欧美各国掀起了铁路建设的高潮，并快速影响到亚非拉地区。这一时期，水上运输也有一定的发展，由于动力的改变，轮船不再必须依赖信风，任何季节都能航行，而且速度更快、更加安全。

3.公路、航空和管道运输阶段（从 20 世纪 30 年代到 20 世纪 50 年代）

19 世纪末，随着铁路运输的高速发展，人民生活水平不断提高，出行需求的改变、汽车工业的发展等促使公路运输的兴起。公路运输具有机动灵活、迅速方便的特点，不仅在短途运输上具有很大的优越性，而且随着重载车、长途汽车和高速公路的出现，公路运输在长途运输方面也展现出一定优势。

1905 年美国人莱特兄弟制造了飞机，由于航空运输在速度上的巨大优势，吸引了更多的旅客选择航空运输，许多贵重、精密的货物也通过飞机运输。与此同时，石油工业的发展和石油制品的运输问题促使管道运输开始崭露头角。管道运输具有成本低、输送方便、有连续性的特征，主要运输的货物是原油、成品油、天然气、矿砂和煤浆等化工流体。

这一阶段，铁路运输、水上运输也有长足的发展，但公路、航空、管道这三种运输发挥的作用更加显著，成为交通运输业发展的第三阶段。

4.综合运输阶段（20 世纪 50 年代之后）

20 世纪 50 年代以来，人们开始认识到在交通运输业的发展过程中，各种交通运输方式是相互制约、相互影响的，许多国家开始逐步进行综合运输，协调各种运输方式之间的关系，发挥各种运输方式的优势，使它们各显其能，构建海陆空立体交通的综合运输体系。

三、交通运输业的发展趋势

1. 提高运输效率，运输更加趋于高速化、大型化、专业化

高速化就是提高各种运输工具的运行速度、缩短运输时间、增加通过能力，它是交通运输追求的重要目标，高速公路、高速铁路和超音速飞机的发展都是这种趋势的体现。大型化就是增大运输工具的装载量，在船舶运输中表现最为明显。目前世界最大的油轮可达 50 万吨级，运货卡车也日趋大型化。专业化主要指交通运输工具的专业化，不同的货物用不同的运输工具运输，便于集中装卸和技术改革。集装箱可以简化包装、使运输途中无需倒装，还能减少装卸时间、货损和提高送达速度，是公路、铁路、水运等运输方式联运的好工具。集装箱运输是专业化的突出体现。

2. 交通运输管理技术的现代化

现在，交通运输部门采用信息技术进行数据处理和信息传递，运用各种不同类型的电子计算机组成信息管理系统，极大地提高了运输信息处理和传递的及时性、准确性和经济性。运输管理部门的决策水平也得以提高，经济效益和社会效益也得到提高。

任务 2　高速铁路发展概况（“十四五”规划）

铁路是现代综合交通运输体系的重要组成部分，是中国现代化开路先锋的主力部队。铁路的发展，要从历史中汲取智慧和力量，坚持好、发扬好、运用好党领导铁路事业发展的重要经验，推动我国铁路在“十四五”实现更高质量发展，在加快建设交通强国新征程中展现铁路人的新担当，努力当好中国现代化的开路先锋。

教学目标

1. 知识目标

了解我国铁路未来的发展方向和发展高速铁路的重要性，掌握我国铁路发展的工作重点。

2. 能力目标

掌握当前高速铁路发展的现状及发展方向。

3. 素质目标

通过了解“十四五”铁路发展规划，培养爱国情怀和民族自信。

一、发展方向

《中华人民共和国国民经济和社会发展第十四个五年规划和 2035 年远景目标纲要》中多次提及铁路，为铁路的发展指明了方向。其中提到：

1. 建设现代化综合交通运输体系

推进各种运输方式一体化融合发展，提高网络效应和运营效率。基本贯通“八纵八横”高速铁路，提升国家高速公路网络质量，加快建设世界级港口群和机场群。

2. 完善干线网

加快普速铁路建设和既有铁路电气化改造，优化铁路客货布局。

3. 推进城市群交通一体化

加快城际铁路、市域（郊）铁路建设，构建高速公路环线系统，有序推进城市轨道交通发展。提高交通通达深度，推动区域性铁路建设。

4. 推进中欧班列集结中心建设

深入推进铁路企业改革，全面深化空管体制改革。

二、“十四五”铁路发展规划

根据规划，“十四五”期间，国家铁路将从推动铁路科技创新发展、推进交通基础设施一体化融合发展、提升技术装备现代化水平、提升运输服务品质、持续推动铁路“走出去”、提升铁路治理效能六个方面，努力推动铁路高质量发展，加快建设交通强国。

将推动时速 400 千米级高速铁路关键技术、600 千米级高速磁悬浮系统技术储备等重大科技研发，突破关键核心技术，提升企业创新能力，完善科技创新体制机制。同时，完善“八纵八横”高速铁路网建设，大力推进城际铁路，加快发展市域铁路，完善路网布局，实施川藏铁路、西部陆海新通道等一批重大工程项目。推动综合交通协调发展，统筹综合交通枢纽体系，完善集疏运系统建设，实现信息互联共享。

加强国际交流合作，实施铁路“互联互通”项目，鼓励装备和技术出口，推进中国铁路标准国际化，优化扩大中欧班列开行，树立中国铁路品牌效应。此外，推动铁路企业股份制改造，优化铁路营商环境，深化投融资改革。

数据显示，2020 年末，全国铁路营业里程达到 14.6 万千米，其中高速铁路 3.8 万千米，中西部地区铁路营业里程 9 万千米。铁路复线率和电化率分别达到 60%和 73%

复兴号中国标准动车组实现时速 350 千米商业运营，系列化产品谱系基本形成。智能型动车组在世界上首次实现时速 350 千米自动驾驶。铁路大功率机车、重载车辆、通信信号等装备水平大幅提升。

中国铁路“走出去”也进展顺利。中欧班列快速发展，截至 2020 年 11 月底累计开行超过 32 000 列。中国铁路标准国际化取得新进展，铁路互联互通取得新突破，技术装备出口全球 100 多个国家和地区。

《中国交通的可持续发展》白皮书提出了未来发展的一系列目标，其中包括“到 2035 年，基本建成交通强国”。拥有发达的快速网、完善的干线网、广泛的基础网，城乡区域交通协调发展达到新高度。基本形成都市区 1 小时通勤、城市群 2 小时通达、全国主要城市 3 小时覆盖的“全国 123 出行交通圈”和国内 1 天送达、周边国家 2 天送达、全球主要城市 3 天送达的“全球 123 快货物流圈”。

任务 3　高铁客运行业认知

铁路客运工作内容繁杂，而高速铁路对客运人员提出了更高的要求，在运输服务市场化的今天，服务质量决定了市场份额，高质量的服务，让铁路客运更具竞争力，从而吸引更多旅客选择铁路出行。

教学目标

1. 知识目标

了解车站和列车客运员的工作内容和流程标准。

2. 能力目标

熟练应对处理服务工作面临的各种问题。

3. 素质目标

通过熟悉车站及列车客运人员的工作程序、内容和质量要求等，培养学生精益求精的工匠精神和严谨的工作态度。

一、车站客运员作业程序、项目、内容和质量的要求

（一）岗位资格要求

1. 职业道德

敬业爱岗、遵章守纪、服从指挥、团结协作。

2. 上岗资格要求

取得客运员岗位培训合格证书和初级及以上职业资格证书。

（二）职责与权限

1）贯彻执行有关安全生产及旅客运输的规章制度、命令和指示。
2）负责检查客运营业场所服务设备设施，发现问题及时报修。
3）负责作业区域突发情况的应急处理及汇报。
4）负责监督、检查责任区域的保洁工作质量，做好卫生、禁烟宣传。
5）负责收集旅客对车站服务工作的意见，受理旅客投诉，帮助旅客解决困难。
6）负责对旅客做到全面服务、重点照顾。
7）负责组织旅客分车次候车、检票进站。
8）负责确保进、出站通道畅通，正确引导旅客有秩序进出站、上下车。
9）负责认真查验车票，做好堵漏补收工作。
10）及时准确填写本岗位各类记录与表格。
11）有权制止和劝阻其他工作人员的违章违纪行为。

（三）工作内容与要求

1. 候车室客运员作业内容及要求

程序	项目	作业内容	质量要求
一、准备作业	1. 班前准备	1）按车站规定时间、地点，统一着装参加点名。 2）听取值班员传达上级命令、指示，接收工作任务及业务提问	1）按规定着装，佩戴标志，仪容整洁。 2）准时参加点名会，明确工作任务和要求，准确回答业务提问

续表

程 序	项 目	作 业 内 容	质 量 要 求
一、准备作业	2. 对岗接班	3）交接旅客列车运行、各次列车旅客候车计划安排、重点旅客、设备备品、台账资料、岗位卫生等情况 4）对岗交接并签字交接	3）列车运行、股道运用及旅客候车情况清楚，设备设施完整，备品齐全定位，旅客候车秩序好，重点旅客有登记，卫生符合标准。 4）做到“五不接”：列车运行情况不清不接，设备设施备品丢损责任不清不接，应处理事项未处理不接，重点旅客情况不明不接，卫生不达标不接
二、基本作业	3. 候车服务	5）按规定位置悬挂旅客留言簿。 6）做好进站验票工作，组织候车，查堵危险品（无安检人员时）。 7）巡视候车室，解答旅客问询，虚心听取旅客意见，接受旅客监督，对重点旅客重点照顾， 8）做好候车室开水供应。 9）根据列车运行情况，检查候车车次信息是否正确，组织旅客有序候车。 10）动员携带超重、超大、超限行李的旅客办理托运。 11）检查检票车次信息是否正确，进行检票通告，通报检票车次、开车时间、列车停靠站台。 12）组织旅客排队检票进站，检票做到“一确认、二下剪”（一确认：车票是否有效，车次、日期、经由、到站是否相符；二下剪：确认后加剪）。 13）按车站规定停上检票时间，显示停检标识及停检作业。 14）做好卫生、禁烟宣传，保持候车区域环境卫生。 15）贵宾室、软席候车室做好接待、服务使用	5）使用普通话，热情为旅客服务。做到“四勤”：勤宣传，勤访问，勤整理，勤观察。 6）全面服务做到“三要四心五主动”，对重点旅客做到“三知”、“三有”。 7）候车室无闲杂人员，整洁卫生，禁烟落实，备品定位，候车车次显示及时。 8）开水供应充足，桶（器）加锁。 9）按规定时间检票：始发站提前40分钟，中间站提前20分钟。做到不晚剪、不早停。 10）检票做到；先重点、后团体、再一般旅客。 11）杜绝无票人员（车站同意上车补票的除外）及闲杂人员进站，做到“六不放”“两消灭”：携带“危险品”不放，携带品超重超限不放，减价不符不放，儿童单独旅行不放（经铁路同意除外），精神病患者无人护送不放。消灭误检、漏检。 12）实行首问首诉负责制，虚心接受旅客意见，准确解答旅客问询。 13）涉外服务，热情友好，不卑不亢，遇到问题，请示报告，尊重外宾的风俗习惯和宗教信仰。 14）执行安全保密制度，不该说的话不说，不该知道的事不问，保守机密。 15）文明礼貌地做好领导、外宾、旅客服务工作，防止无关人员进入软席候车室（贵宾室）。 16）台账资料齐全
三、整理作业	4. 交班准备	16）整理设备备品、业务资料、车次牌。认真填写交接班簿。 17）做好卫生保洁相关工作	17）交班事项记载清楚，设备备品、车次牌、业务资料存放定位，完好无短少；卫生符合标准；做到“五不交”：列车运行情况不清不交，设备设施备品丢损责任不清不交，应处理事项未处理不交，重点旅客情况不明不交，卫生不达标不交

续表

程序	项目	作业内容	质量要求
三、整理作业	5. 对岗交班	18）对岗交接并签字确认	18）列车运行、股道运用及旅客候车情况清楚，设备设施完整，备品齐全定位，旅客候车秩序好，重点旅客有登记，卫生符合标准
	6. 参加完工会	19）汇报本岗位工作情况。 20）听取值班员对工作的总结	19）参加准时，汇报实事求是

2. 站台客运员作业内容及要求

程序	项目	作业内容	质量要求
一、准备作业	1. 班前准备	1）按车站规定时间、地点，统一着装，参加点名。 2）听取值班员传达上级命令、指示，接收工作任务及业务提问	1）按规定着装，佩戴标志，仪容整洁。 2）准时参加点名会，明确工作任务和要求，准确回答业务提问
	2. 对岗接班	3）接清列车运行、旅客进站通道、候车情况及设备设施、工具备品、岗位卫生。 4）对岗交接并签字交接	3）列车运行情况、停靠站台、正晚点清楚，设备设施完整，备品齐全定位，卫生符合标准。做到“三不接”：列车运行情况不清不接，设备设施备品丢损责任不清不接，卫生不达标不接
二、基本作业	3. 站台服务	5）按列车预告上岗，检查站台有无障碍物，清理闲杂人员。 6）检查站台列车有关信息显示情况。 7)引导旅客安全通过天桥、地道，组织旅客站在安全线内，做好安全宣传和防护，随时注意旅客动态，防止旅客钻车、爬车及横越股道。 8）协助列车员组织旅客有序乘降，对重点旅客实行重点照顾。 9）做好宣传，引导下车旅客安全通过出站通道出站，防止旅客对流。 10）开车铃响后，组织送车人员站在安全线内，目送列车出站。 11）列车出站后，清理站台闲杂人员及无关车辆，做好站台卫生保洁相关工作	4）上岗及时，站内无闲杂人员，秩序良好。 5）列车信息显示及时、正确。 6）重点旅客做到送上车，送出站。 7）迎送列车做到姿势端正，间距适当，足踏白线，目迎目送，以列车进入站台开始至开出站台为止。 8）旅客乘降秩序好，天桥、地道不对流，达到“四无”：无旅客伤亡事故、无责任晚点、无旅客漏乘误乘、无旅客跨越股道钻爬车底。 9）卫生达到站台无纸屑、无烟头，股道内无垃圾，符合部颁标准
三、整理作业	4. 交班准备	12）整理服务设施设备和备品。 13）做好卫生保洁相关工作	10）服务设施设备和备品、存放定位，无短少，卫生符合标准，做到“三不交”：列车运行情况不清不交，设备设施备品丢损责任不清不交，卫生不达标不交

续表

程 序	项 目	作 业 内 容	质 量 要 求
三、整理作业	5. 对岗交班	14）对岗交接并签字确认	11）列车运行情况、停靠站台、正晚点清楚，设备设施完整，备品齐全定位，卫生符合标准
	6. 参加完工会	15）汇报本岗位工作情况。 16）听取值班员对工作的总结	12）参加准时，汇报实事求是

3. 出站口客运员作业内容及要求

程 序	项 目	作 业 内 容	质 量 要 求
一、准备作业	1. 班前准备	1）按车站规定时间、地点，统一着装参加点名。 2）听取值班员传达上级命令、指示，接收工作任务及业务提问	1）按规定着装，佩戴标志，仪容整洁。 2）准时参加点名会，明确工作任务和要求，准确回答业务提问
	2. 对岗接班	3）接清列车运行情况、设备设施、服务备品、规章资料、票据、备用金、岗位卫生及续办情况。 4）对岗交接并签字交接	3）列车运行、正晚点情况清楚，设备设施完整，性能良好，规章资料、备品齐全定位，票据、备用金、账款相符，交接清楚，卫生符合标准。计量器误差率不超过规定标准
二、基本作业	3. 验票补票	5）检查列车正晚点信息显示情况。 6）按列车预告上岗，检查出站通道畅通，做好验票准备工作。 7）组织出站旅客排队，认真查验车票。 8）查堵无票、车票不符及携带品超重的旅客，补收票款、运费。 9）及时修改有关业务资料	4）做好宣传，组织旅客排队出站，做到秩序井然，不挤不乱。 5）纠正违章做到实事求是，态度和蔼，耐心宣传，文明执行规章制度，不搜身、扣押物品。 6）检斤准确，计费标准，制票规范，不误收漏收、乱补乱罚，维护路收。 7）业务资料修改正确、及时
三、整理作业	4. 交班准备	10）整理票据，按规定时间结账缴款。 11）整理设备备品、规章资料，认真填写交接班簿。 12）做好卫生保洁相关工作	8）票、款相符，无票据丢失，溢短收率不超五万分之一。服务备品、规章资料齐全，存放定位。岗位卫生符合标准。做到“四不交”：列车运行情况不清不交，设备设施备品丢损责任不清不交，应处理事项未处理不交，卫生不达标不交
	5. 对岗交班	13）对岗交接并签字确认	9）列车运行、正晚点情况清楚，设备设施完整，性能良好，规章资料、备品款齐全定位，票据、备用金、账款相符，交接清楚，卫生符合标准。计量器误差率不超过规定标准
	6. 参加完工会	14）汇报本岗位工作情况。 15）听取值班员对工作的总结	10）参加准时，汇报实事求是

4. 问讯处客运员作业内容及要求

程序	项目	作业内容	质量要求
一、准备作业	1. 班前准备	1）按车站规定时间、地点，统一着装，参加点名。 2）听取值班员传达上级命令、指示，接收工作任务及业务提问	1）按规定着装，佩戴标志，仪容整洁。 2）准时参加点名会，明确工作任务和要求，准确回答业务提问
	2. 对岗接班	3）接清列车运行情况、设备设施、服务备品、规章资料、票据、备用金、岗位卫生。 4）对岗交接并签字交接	3）列车运行情况、正晚点清楚，设备设施完整，性能良好，规章资料、备品齐全定位存放。 4）票据、备用金账款相符，交接清楚。 5）卫生符合标准
二、基本作业	3. 问询服务	5）面向旅客，热情接待旅客问询。 6）接听电话，解答旅客问询。 7）发售站台票。 8）定时与广播、售票、计划、行包、客运值班室联系，掌握列车运行、客运计划、售票组织、旅客乘降、行包运输和票运价等有关情况。 9）检查自动查询系统信息是否准确并处理。 10）做好规章、文电、资料的整理、修改、保管工作	6）有问即答，答必正确，对答有礼，态度和蔼。做到：不怠慢，不粗鲁、不急躁、不厌烦，不说“大概、可能、也许、好像、差不多、自己看”等语言。 7）接听电话及时，铃响不得超过三声。 8）站台票按规定发售，停售时及时对外公告。 9）业务资料完整齐全整洁，修改及时正确；分册装订，定位摆放、有编号、有目录，方便查阅
三、整理作业	4. 交班准备	11）整理票据，按规定时间结账缴款。 12）整理服务备品、规章资料，认真填写交接班本。 13）进行卫生大清扫	10）票、款相符，无票据丢失。 11）服务备品、规章资料齐全，存放定位。 12）岗位卫生符合标准。做到“四不交”：列车运行情况不清不交，设备设施备品丢损责任不清不交，应处理事项未处理不交，卫生不达标不交
	5. 对岗交班	14）对岗交接并签字确认	13）列车运行、正晚点情况清楚，设备设施完整，性能良好，规章资料、备品齐全，定位存放。票据、备用金、账款相符
	6. 参加完工会	15）汇报本岗位工作情况。 16）听取值班员对工作的总结	14）参加准时，汇报实事求是

（四）执行本标准的有关规定

1）严格执行《铁路技术管理规程》《行车组织规则》《铁路旅客运输规程》《铁路旅客运输办理细则》《铁路旅客管理规则》《铁路旅客运输服务质量标准—第1部分车站》《铁路旅客运输运价规则》《铁路运输收入管理规程》《铁路乘车证管理办法》等有关规定。

2）遇旅客列车交会站台客运值班员无法一一与列车办理交接，或车站未配备客运值班员时，由站台客运员负责做好站台乘降组织工作并与列车办理交接。

（五）检查与考核

1）接受上级及本单位管理人员对本作业标准实施过程及结果的监督检查。

2）执行上级及本单位有关考核标准和办法。

（六）记录及格式

1）交接班簿。

2）交接其他铁道部、集团公司等规定填写的台账和作业记录。

二、高铁动车组列车客运乘务员作业标准

高铁动车组列车客运人员应牢固树立“以服务为宗旨、待旅客如亲人”的服务理念，坚持“安全正点、方便快捷”的原则，采用先进设备，推进科学管理，创新服务方式，实现服务文明、设备良好、环境舒适、饮食卫生。客运段要不断适应新技术、新装备运用，岗位精简，人员精干的要求，实现客运管理专业化、规范化、科学化，全面提升高铁动车组列车客运服务质量，努力塑造高铁动车组安全、快捷、便利、舒适的服务品牌。

（一）乘务前准备

1）乘务人员在接班前充分休息，保持精力充沛，不在班前、班中、折返站饮酒。

2）按规定时间到指定地点参加出乘点名。做到按时出乘，着装统一。

3）穿着规定制服，佩戴职务标志，淡妆上岗（女），仪容整洁。做到制服平整干净，职务标志规范。

4）参加出乘会，听取列车长有关上级指示、工作要求和乘务任务的布置，了解当趟乘务工作重点，学习有关文件和业务学习。接收车长对证件和业务的检查。

5）检查对讲机携带情况，与列车长核对时间、调试对讲机。做到通信设备性能良好，保持信息畅通。

6）按规定列队上站台接车，带齐规定备品、资料，做到按时接车、精神饱满、箱（包）同侧、列队整齐。

7）巡视车厢，检查列车出库保洁质量和上部设施状况易耗品配置、布制品的清洁、列车杂志摆放等情况，督促保洁人员补做车内卫生及易耗品和杂志的摆放。检查车内的安全设备、消防器材、服务设施情况，并向列车长汇报检查情况。对列车视频、音频播放情况进行检查，音量较大的及时通知车长。做到检查认真，记录清楚。

8）检查急救药箱，有常用非处方药品、器械，药品、器械有效，用药有登记。应急备品箱内有手电筒、喊话器、口笛等应急物品，做到电量充足，性能良好。做到定位放置。

9）商务座车配有专职人员，除做好上述工作外，还应检查商务座（一等座）旅

客赠品、服务备品等领取、摆放情况，做好服务准备工作。做到备品的摆放到位，质量及数量符合要求。

（二）开车前作业

1）在指定车厢立岗，迎接旅客上车。做到立岗姿势规范端正，面带微笑，举止用语大方得体。

2）商务座车厢乘务员，对持商务座、一等座车票的旅客看票引导，主动介绍专项服务项目，提供饮品、茶水、一次性小毛巾等服务。

3）对重点旅客领位就座，引导旅客放好随身携带的物品。做到礼貌引领，妥善安排。

4）做好广播宣传工作，广播引导旅客安全有序乘车。做到通告及时。

5）对高铁快件集装件按装载方案指定位置码放；码放在车厢内最后一排座椅后的空档处时，不影响座椅后倾，高度不超过座椅；需中途换向的列车，不使用最后一排座椅后的空档处。集装件可码放在大件行李处、通过台、车厢过道及座椅间隔处等位置，但不码放在座椅上；单节车厢装载的集装件总重量不超过列车允许载重量（二等座车厢标记定员乘以 80 千克）。

6）开车铃响，确认旅客乘降、高铁快件和餐车物品装卸完毕，向列车长汇报本岗位乘降情况。车门关闭后，在车门处面向站台方向行注目礼至列车驶出站台。做到立岗姿势端正，大方得体。

（三）开车后作业

1）在开车 5 分钟内广播欢迎词及相关内容（介绍宣传安全常识和车辆设备设施的使用方法，提示旅客遵守安全乘车规定，播报前发停站、到站信息等内容）。做到按时播报，音量适中。

2）乘务员进出车厢时，面向旅客鞠躬致谢。服务语言使用普通话，表达准确，口齿清晰。

3）巡视车厢调整旅客行李，整理衣帽钩，引导旅客将大件行李及铁器、锐器等不适宜放在行李架上的物品，摆放在指定位置并自行看管。做到行李物品摆放平稳牢固，通道保持畅通。

4）开车后为所负责的车厢旅客送开水。

5）及时办理补票业务。遇持电子客票的旅客，及时与列车长联系，核实旅客电子客票信息。

6）做好专项服务，主动为商务座旅客提供相应服务：

① 提供饮品、餐食、小食品、一次性小毛巾、防寒毯、耳塞、眼罩、耳机等服务。

② 饮品有茶水、饮料，品种不少于 6 种，茶水全程供应。

③ 逢供餐时间，及时供应免费餐食。8:00 前开车的应提供 1 份早餐，11:30 – 13:00 和 17:30 – 19:00 期间为旅客提供 1 份午、晚餐。赠餐时，根据列车配备实际，提供相应餐食。供餐时，使用专用餐盒。如旅客旅行时间跨及中餐和晚餐二次正餐时间，一次正餐提供盒饭，另一次正餐提供小食品。正餐以冷链为主，配有速溶汤，分量适中，可另

行配备面点、菜品、佐餐料包等。品种不少于3种，配有清真餐，定期调整。

④ 选用非油炸类点心、蜜饯类、坚果类等无壳、无核、无皮、无骨的休闲小食品，品种不少于6种，独立小包装。

⑤ 根据旅客需要，为旅客提供报纸服务，因报纸数量不能满足旅客需求时，做好解释工作。

⑥ 按规定巡视车厢，及时收取旅客使用过的小毛巾等杂物。做好车厢卫生清洁工作，发现卫生间不达标时，及时通知保洁人员进行清理。做到垃圾回收及时，车厢内保持清洁，厕所、洗脸间卫生、干燥。

⑦ 原则上每60分钟为旅客提供饮品添加等服务。

⑧ 掌握旅客到站情况，供餐时，应优先为即将到站的旅客提供餐食。

⑨ 做好全面服务，重点照顾。做到无需求无干扰，有需求有服务。

⑩ 供餐后要及时巡视车厢，尽快收取旅客餐具和餐盒，保持车厢清洁。

7）为“G”字头跨局动车组特、一等座旅客提供饮品、小食品等专项服务。

① 饮品品种不少于3种，包括矿泉水、果汁、碳酸饮料，每位旅客选择一种。

② 小食品品种不少于3种，选用干果类、点心类等组合包装。

③ 为旅客提供一次性小毛巾。

④ 为需要订餐的旅客，主动联系餐车工作人员，提供订餐服务。

8）专项服务应按先商务座、后一等座的顺序开展。

9）到站前5分钟，提醒旅客做好下车准备，并向旅客提示到站站名、室外温度和检查携带品等。同时，经征询旅客意见后，收回部分服务备品。

（四）运行途中作业

1）中途站开车后5分钟内，广播预告前方停车站信息及相关内容。

2）配合列车长核对车厢空余座位，定时查验车票。做到核对仔细，态度和蔼，减少对旅客的干扰。发现不符乘车条件或无票人员，及时汇报列车长按章处理。

3）掌握重点旅客动态，落实“首问首诉”负责制。对车内重点旅客做到“三知”“三有”（知座席、知到站、知困难，有登记、有服务、有交接）；对特殊重点旅客重点照顾，服务旅客耐心周到。为有需求的特殊重点旅客提供所需的担架、轮椅等辅助器具，并及时汇报列车长。做到重点旅客重点关注，优先照顾，保障重点旅客需求。

4）做好商务座及特、一等座旅客专项服务。

5）在运行途中巡视、检查高铁快件集装件码放、外包装、施封等状况。发现高铁快件集装件短少或外包装、施封破损立即报告列车长。

6）列车运行中，加强对列车设备、安全标志、电源插座、配电柜等重点部位的检查，发现异样，及时通知列车长。运行中做好安全宣传和防范，加强禁烟宣传，发现吸烟行为及时劝阻，并由公安机关依法查处。

7）对持挂失补的旅客，及时通知列车长，信息核实后，交列车长办理。

8）协助随车保洁人员共同做好车厢内卫生保洁工作；检查、督促保洁人员加强易耗品的补充和厕所、洗脸间等重点部位的保洁，及时跟踪整改情况。做到检查仔细，质量达标。

9）途中到站前 5 分钟，广播通报站名、到开时刻、下车车门位置，提醒旅客提前做好下车准备（单门车厢先下后上；双门车厢前下后上），提醒旅客不要在中途站下车散步，以免漏乘。

10）巡视车厢，掌握车内动态，及时处理服务过程中的各类问题。做到耐心解答旅客问询，及时解决旅客困难。适时调节车内温度，保证车内温度适宜。

11）遇列车晚点超过 15 分钟和遇有临时停车时，加强车厢巡视，说明晚点原因，做好宣传解释。

12）发现设备故障、安全隐患等异常情况，及时向列车长报告。

13）遇有非正常突发情况，按照应急预案岗位分工和列车长的安排，全力做好应急处置工作。

14）逢垃圾投放站，协助保洁人员投放垃圾。垃圾做到装袋扎口无渗漏，定位放置，在指定网站定点投放。

（五）中途停站作业

1）列车进出站时，在车门口立岗，面向站台致注目礼，以列车进入站台开始，开出站台为止。做到上岗及时，立岗姿势规范端正，面带微笑，举止用语大方得体。

2）列车停站时，在指定车门位置立岗，迎送旅客上下车，引导上车旅客进入车厢。做到面带微笑，举止用语大方得体。

（六）中途开车后作业

1）按始发开车后及运行中作业标准，做好车内各项服务工作。

2）补妆及时（在洗手间或乘务间进行，不浓妆艳抹）。

（七）终到（折返）作业

1）列车到站前 5 分钟，广播通报站名，提醒旅客提前做好下车准备。做到按时播放，语音适宜。

2）与保洁人员共同清理车内卫生，置物袋干净无废弃清洁袋。做到终到站时车内无垃圾、污水、粪便、异味。垃圾装袋、封口、无渗漏，到站定点投放。防寒毯、靠垫等按规定收取、换洗。

3）列车到站后，在指定车厢车门处站台立岗，面向旅客微笑道别，帮助重点旅客下车。

4）旅客下车后，巡视车厢，检查旅客有无遗失物品，发现问题及时报告列车长。做到仔细检查，及时报告。

5）折返时，督促保洁人员做好座椅转向和车厢卫生清洁工作；整理车厢服务备品，定位摆放整齐。

6）做好专项服务各种服务备品的整理和摆放，做好对商务座、一等座旅客赠品、餐食的领取和发放统计工作。做到折返准备工作迅速，备品摆放规范，赠品领取及时，发放统计准确无误。

7）终到时，做好剩余赠品、服务备品的清点和交接工作。

（八）退乘

1）参加退乘会，汇报当班列车乘务工作。做到汇报简明扼要，准确无误。

2）到规定的地点解缴票款。折返站按规定线路入住公寓休息时，票据、票款、票机入柜加锁。

项目训练

1）结合铁路旅客运输的优缺点，分析铁路运输为何在我国交通运输中占据主导地位。

2）谈谈你对“全面服务、重点照顾”的理解。

3）结合高速铁路发展概况，写出八纵八横铁路网的“八纵”与“八横”。

4）谈谈你对车站客运员职责与权限的理解。

项目二　礼仪认知

任务 1　礼仪的概述

礼仪是人们在长期社会交往中文明与道德的一种表现形式，是人类在社会活动交往中不断摆脱无知、蛮横，逐渐走向文明、开化的标志和见证。我国素有“礼仪之邦”美誉，我国礼仪起源于原始社会，经过社会不断发展，逐步形成如今的礼仪规范。了解礼仪的含义和内容有助于我们对人类文明的发展有更清晰的认识。

教学目标

1. 知识目标

了解礼和仪的含义，识记礼仪的含义。

2. 能力目标

熟悉礼仪的内容，掌握礼仪的分类，能区分不同的礼仪。

3. 素质目标

树立礼仪观念，形成从事高铁客运服务工作时运用礼仪的意识。

案例分析

鲍勃·霍克是澳大利亚前总理，同时也是澳大利亚著名的政治家。他曾先后在澳大利亚佩思现代中学、西澳大学和英国牛津大学接受教育，之后在澳大利亚国立大学从事研究学院工作。他同时也是澳大利亚历史上任职时间最长的工党总理。

就任期间，霍克与一位老人在商场内因养老金问题发生争执。霍克一时情绪上头，冲那位老人吼出：“你这个愚蠢的老家伙。”老人因此把他告到法院。霍克因此举行记者招待会，就自己不礼貌的言论，公开向这位老人道歉。他说：“那天我非常烦恼，但这不能成为我使用那种不恰当措辞的理由。如果我确实伤害了他的话，我愿意就此向这位先生道歉，请他宽容我的不逊。”

思考：① 从以上案例中，你得到了哪些启示？

② 从礼仪的主体平等出发，我们如何做到遵守礼仪？

一、礼仪的定义

礼仪属于道德范畴，是为维持社会正常生活而让人们共同遵守的道德规范。在中国古代，礼仪主要由“礼”与“仪”两方面构成：“礼”是指人们在与他人进行社会交往的过程中所表现出来的社会制度、规则和社会意识观念所构成的总和；“仪”是“礼”的具体表现的一种独特形式，“仪”可以按照“礼”所规定的内容形成一套系统性、完整性的程序。

（一）“礼”的含义

1. 尊 敬

《礼记·曲礼》曰：“毋不敬，俨若思，安定辞，安民哉！”把“敬”作为礼的本质含义予以强调。

2. 秩 序

《礼记·乐记》中有“礼者，天地之序也……中正之邪，礼之质也”。这里的“礼”是指符合大自然规律的顺序，从而可以推出人际交往关系中的“人”的定义。人们都要明确自己的身份、地位，都要恪守本分，不可做出格的事。人要有一颗正直之心，才能做正确、积极的事，才能走正确的道路，这才是礼的实质要求。

3. 道 理

《礼记·乐记》中有“礼也者，理之不可易者也”，其中的“理”是指真理、准则和标准，是指为了维持社会正常秩序，人们在社会生存发展与社会活动交往中的需求而制定出符合时代的行为标准和社会规范。

4. 风 俗

《礼记·曲礼》中有“礼从宜，使从俗”，其中的风俗是指人们都认同的风俗民情，主要指居住在相同区域的居民，在长时间的生活过程中，因生活环境、饮食习惯、生活习惯、宗教信仰的不同而形成的独特风俗民情，具体体现在人们的出生、婚嫁、死亡、迎来送往、节日庆典等方面。

5. 履

东汉许慎《说文解字》中曰：“礼者，履也。”这说明礼的基本落脚点在于实践。《礼记·曲礼》中有“修身践言，谓之善行。行修言道，礼之质也”，这说明要发挥礼的作用，做个心中有礼的人，只有在生活中严格要求自己言出必行，同时在生活中认真地去实践礼的精神，使言谈举止都符合礼的基本要求，才能真正地理解并掌握礼的本质。

因此，礼是指特定的国家及地区、民族基于客观传统历史形成的，以确立维护社会等级秩序为核心内容的价值观念、道德规范及与之相适应的典章制度、行为规范，是社会政治制度的体现，是维护社会上层建筑以及与之相适应的人际交往中的礼节仪式。

（二）“仪”的含义

1. 法度、准则

《说文解字》中有“仪者，度也”，其中的“仪”即指要符合社会法度、规则。在仪式进行过程中要庄重、严格、认真、循序渐进。既不可委曲求全，也不需过分激进，需要把握好分寸。

2. 典范、表率

《荀子》中有“上者，下之仪也”，即君主及当朝者是臣民的表率。

3.形式、仪式

管仲曾说：“仪者，万物之程式也……礼仪者，尊卑之仪表也。故动有仪则令行，无仪则令不行”。这里的“仪”是指仪式。

4. 容貌、风度

《诗经 · 大雅》中有“令仪令色，小心翼翼”,《人物志》中可见“心质平理，其仪安闲”，这里的“仪”指的是容貌、举止。

由此可见，古代的“礼”“仪”与现代的“礼仪”含义不完全相同。封建社会礼仪的主旨主要围绕社会等级制度以及人的等级差异展开，需要人们严格去维护。我国古代礼仪的主旨是：明确地规定人们要严格地维护封建社会等级制度，也强调并坚持人的等级差异。随着社会文明不断发展，“礼仪”一词逐渐被赋予了新的内涵，成为人们在社会交往中应遵守的行为规范和准则。

(三) 礼仪的含义

礼仪的含义众说纷纭。但总体上来讲，礼仪的含义有广义与狭义之分：从广义上讲，礼仪是指人们在社会活动交往中形成的行为规范和准则；从狭义上讲，礼仪是指国家及地区、国家政府机构、社会团体、企事业团体在正式活动中所形成的行为规范与准则，是指在重大正式场合中，为表示对其接待对象的尊重所举行的社交规范、道德规范的仪式。

二、礼仪的内容

礼仪的主体、客体、媒体以及环境四个基本要素组成了礼仪的主要内容(图 2.1.1)。

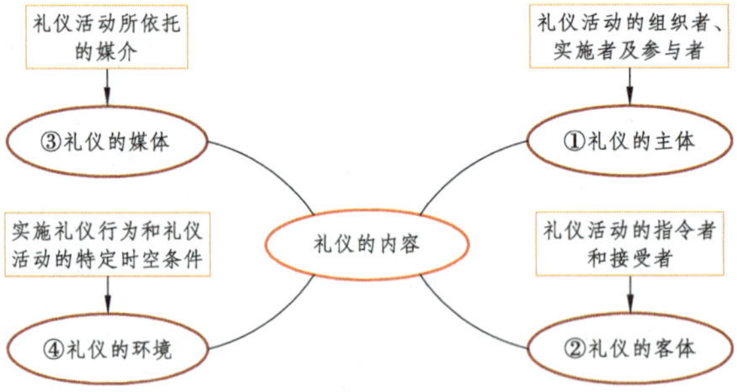

图 2.1.1　礼仪的内容

通常礼仪活动中的组织者、实施者以及参与者称之为主体。当礼仪活动涉及的范围较小时，礼仪的主体可以是个人；当礼仪活动涉及的范围较大时，礼仪的主体是社会组织团体，当礼仪活动没有涉及礼仪的主体，礼仪便不复存在。

通常礼仪活动中的指令者和接受者，即对象，称之为礼仪的客体。礼仪的主体与礼仪的客体两者相互对立、相互依存，在一定条件下可以相互转换。

礼仪活动需要一定的媒介才能正常地开展，它既是礼仪的符号也是礼仪的媒体。主要包括人体、物体以及事体礼仪媒体三部分。在礼仪活动具体实施过程中，这些不同礼仪的媒体不是单一使用，而是相互交叉使用的。

礼仪活动需要在自然或是社会环境下才能有序实施，其特定的时空条件是礼仪活动开展的要素之一，即所谓的礼仪环境。

三、礼仪的分类

如图 2.1.2 所示，根据礼仪的不同应用范围以及适用对象，可以将其归为以下五个部分：政务礼仪（公务员礼仪）、商务礼仪、服务礼仪、社交礼仪和涉外礼仪。

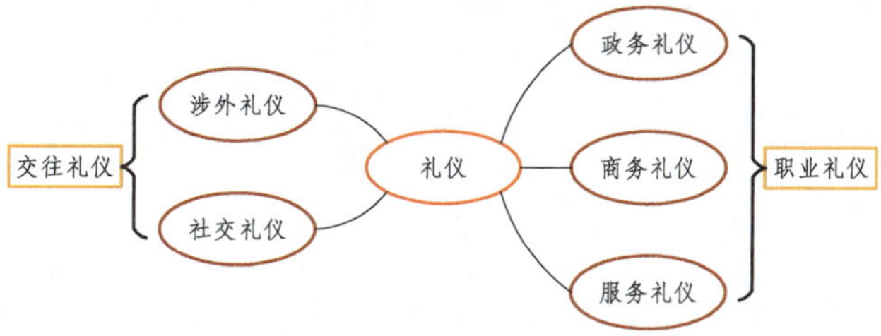

图 2.1.2　礼仪的分类

政务礼仪，又指公务员礼仪，指国家政务机关及相关事业单位在进行内部沟通交流及对外服务与沟通时所形成的行为规范与准则。

商务礼仪，指社会人员在进行商业活动中所要遵循的行为规范和准则。

服务礼仪，指服务行业人员在各自的工作岗位上所要遵循的行为规范和准则。

社交礼仪，指人际交往中相互之间表示尊重、友好指向的行为规范和准则。

涉外礼仪，即涉外交际礼仪，指国人各类对外交际活动中表示尊重、亲善和友好的行为规范与准则。

以上五种类型的礼仪中，根据行业角度以及交往范围的不同，可以将政务礼仪、商务礼仪和服务礼仪归纳为在本职工作岗位上所要遵守的行为规范，而将社交礼仪和涉外礼仪归纳为交往礼仪。

任务 2　礼仪的起源和发展

随着时代的发展与进步，礼仪在人们的生活中占据了举足轻重的位置。了解礼仪的起源和发展的相关内容有助于我们对人类的发展有更清晰的认识。

教学目标

1. 知识目标

了解礼仪的起源，熟悉礼仪发展的四个阶段。

2. 能力目标

根据礼仪的起源和发展，掌握不同阶段礼仪的内容。

3. 素质目标

通过了解礼仪的起源和发展，培养礼仪之邦的文化自信。

一、礼仪的起源

人们对于礼仪的起源可谓莫衷一是。根据目前的影响程度可大致分为五种，分别有“天神生礼仪”之说、“天地人的统一体”之说、“源于人的本性”之说、“人性和环境矛盾的产物”以及“生于礼，源于俗”之说。

二、礼仪的发展

我国礼仪的发展大体划分为以下四个阶段。

（一）礼仪的起源时期（公元前21世纪之前）

根据考古学与现代人类学关于礼仪起源的研究发现，随着早期原始人类的逐渐进化，其早在长达100万年的原始社会中便出现了萌芽。而原始信仰（天地信仰与祖先信仰）对当时的礼仪具有深远的影响。在社会生产力极低的前提下，人们无法对光怪陆离的自然现象进行合理解释，由此便通过神秘化以及人格化的方式将自然的力量依照人物的形象具化为各类神灵以供崇拜。总而言之，礼仪就是一种祭祀天地的敬拜仪式，以祈祷风调雨顺，降福免灾以及祖先显灵庇佑等。

（二）礼仪形成阶段（约公元前21世纪至公元前771年）

礼经三百 威仪三千
——知书识“五礼”

中国礼仪自“三皇五帝”时期才开始逐渐形成，至尧舜时期，成文的礼仪制度便已形成。经过春秋时期社会的大变动之后，由于古礼逐渐不被人们所推崇，儒家便开始整理各类礼节。《周礼》中便对礼有了详细的分类记载，即“五礼”——吉礼、嘉礼、宾礼、军礼和凶礼（如图2.2.1）。

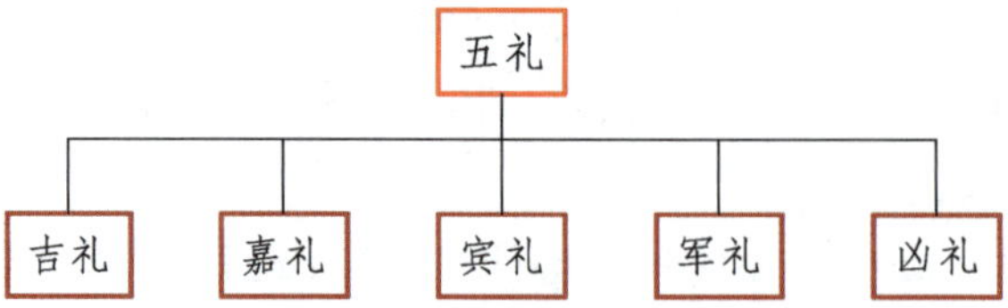

图2.2.1 五礼

（三）封建礼仪阶段（公元前771年至1911年）

该阶段的礼仪从形成到强化，直至最后衰落时期都与儒学关系密切。在此阶段，“礼教”作为以孔子为祖师的儒家学派的核心开始逐步形成。“不学礼，无以立”便是当时孔子所提倡的，即学习礼仪可以很好地约束自己的行为。而封建统治阶级为维护自己所建立起的社会等级制度，采用的重要工具之一就是礼仪。该时期所强调的尊夫仰妇、尊君抑妇、尊父抑子、尊神抑人是礼仪中最显著的特点。

（四）现代礼仪发展阶段（1911 年至今）

辛亥革命后，由于西方资产阶级思想的冲击，如“自由、平等、民主、博爱”思想对国民产生深远的影响，人们对之前的礼教取其精华，去其糟粕，继承、完善那些符合时代礼仪所需要的，抛弃那些腐朽、落后的。保留下来的古礼结合国际上一些通用的礼仪规范作为新时代的礼仪标准得到了广泛的推崇。

中华人民共和国成立以来，特别是改革开放之后，随着与其他国家各方面交往的日渐深入，西方礼仪也逐渐传入融合，因此，在我国传统礼仪的基础上融合西方礼仪便形成了我国现代礼仪的基本结构，影响着我们生活的方方面面。随着现代礼仪内容与形式的不断完善，我国现代礼仪步入了全新的发展阶段。

任务 3　礼仪的原则和作用

在生活中处处都可以看见“礼仪”的身影，可人们在交往中，时常因为地处不同区域而对“礼仪”产生误解，如何才能避免误会？了解礼仪的原则和作用有助于我们对其有更加清晰的认识。

教学目标

1. 知识目标

了解礼仪的特征，掌握礼仪应遵守的原则、功能和作用。

2. 能力目标

通过对礼仪的特征和原则的学习，能够正确运用礼仪。

3. 素质目标

树立正确运用礼仪的意识，培养将礼仪运用到高铁客运服务工作的观念。

一、礼仪的特征

礼仪的特征有五个要素，即共同性、时代性、差异性、自律性、等级性（见图 2.3.1）。

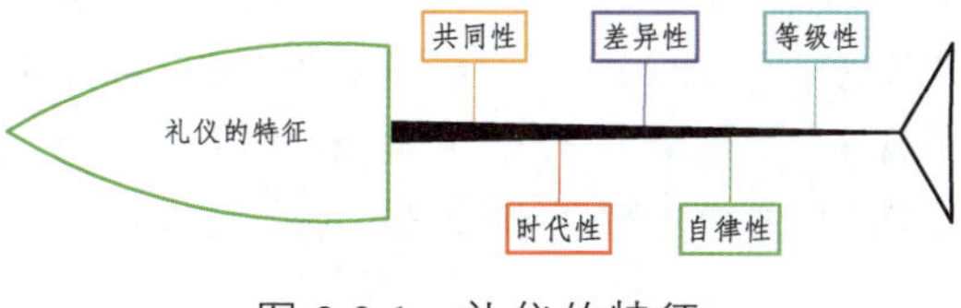

图 2.3.1　礼仪的特征

1. 共同性

人们长期生活在共同的大环境下，人与人之间的交际行为需要用礼仪这把标尺进行规范。随着社会生产、生活环境以及形态的不断改变，礼仪也不断得到改进并渐渐成为不同地位的人去遵守的一种行为规范和准则。自然孕育的民俗习惯、特有的文化底蕴形成了礼仪的主要内容，一致的文化思想与作风习惯是生活在一定范围的人们的共同特征。同时礼仪在社会交往活动中被广泛应用，在社会范围内讲礼仪又将必定得到广泛的认可，这就体现了其共同性的特点。当人与人之间的活动范围逐渐变广，地域与文化交流的限制也将逐渐被打破，礼仪的共同性随着越来越广的交流其认可度将越来越高。

2. 时代性

由于不同阶段的礼仪都会留下时代的烙印，随着社会的进步与时代的发展，礼仪也在不断地更新和完善。因此礼仪并不是亘古不变的，而是具有一定“滞后性”的，带有浓重的时代色彩。

3. 差异性（地域性、民族性）

礼仪差异性的特点指相同的礼仪，作为一种蔚然成风的行为规范与准则却会因不同时间、地点以及环境影响展现出不同的形式。直观表现在民族性差异上，不同民族礼仪多姿多彩，具有显著的民族特色，凝聚着深厚的本族文化情结。例如我们常说的见面礼，不同民族、区域都有着属于它的独特表现形式。同时，不同区域的礼仪又展现了不同的时代要求与时代精神，由此加大了礼仪的差异性。

4. 自律性

礼仪不具有法律的威严，也不具有道德的肃然，但作为人们生活中所孕育的行为规范与准则，却对人们的各项行为活动具有广泛的约束力，而这是非强制性的。即使违背了礼仪的规范，也不会受到法律的审判，这是一种无需他人监督与督促的活动范畴。因此，礼仪的自律性指的是，在礼仪实施的过程中依靠人的自觉性来遵循礼仪的规范进而约束自己的行为。

5. 等级性

不同身份及社会地位的人在礼宾安排上会存在差异性，这也是礼仪等级性的具体表现形式。社会生活中的礼仪形式往往与官方交往具有明显不同：前者主要体现在对长幼之分及男女之别等方面规范人们的受尊重程度；后者主要是通过职位或者社会影响力的大小来确定礼宾的次序。不同的人会得到差异性的礼宾接待，因此往往这类礼宾次序具备某种强制性。在现代社会并不是指人的身份尊卑贵贱有别，而是一种正常的交往规范，代表着公务人士具体的身份。此外，双向对等性是礼仪等级性的另一种表现，如来自不同区域、不同组织的人员在交往过程中，为了体现出相互之间的尊重，双方在社会地位及身份上要相接近，业务性质上也要相接近。同时，交往过程中也应保持尊重、信任原则。这也是工作形式的需要与礼仪规范的统一结合。

二、礼仪应遵守的原则

礼仪应遵守的原则有五个方面，即平等原则、尊重原则、适度原则、自律原则和宽容原则（见图 2.3.2）。

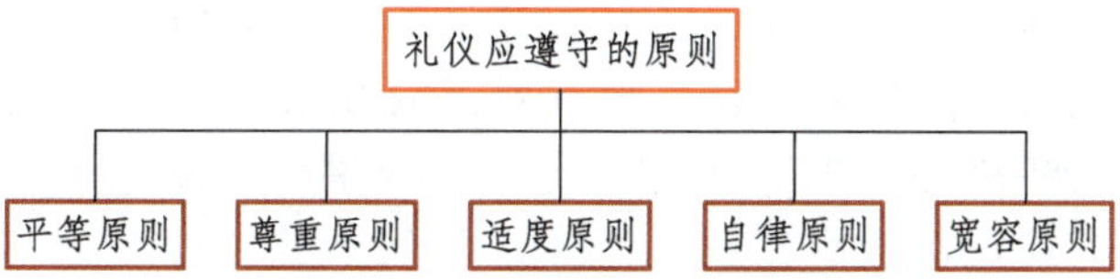

图 2.3.2　礼仪应遵守的原则

1. 平等原则

现代礼仪的基础是指人人平等。主要指以礼待人，迎来送往，不能盛气凌人，也不能卑躬屈膝。人们在处理人际关系时，对待不同的性别、年龄、种族、文化、职业以及身份差异的人应同等对待，不可将其分为三六九等来区别对待。

2. 尊重原则

在人际交往过程中，尊重是现代礼仪的实质，要让别人感受到你的真诚而不是忽视。礼仪本身的出发点便是尊重他人，任何不尊重他人的言行势必会引起别人的反感，同样也得不到别人的尊重。

3. 适度原则

人际交往中要注意把握分寸，掌握技巧，合乎规范，适度得体。在人群中，既要彬彬有礼，又不卑躬屈膝。既要热情大方，又不轻浮敷衍。要自尊、坦诚、信任、谦虚，切莫自负、粗鲁、轻信、轻浮、拘谨、圆滑。

4. 自律原则

礼仪作为人际交往行为的规范与准则，是人们共同利益的集中体现。因此我们都有义务和责任去遵循和维护。而在学习和应用礼仪中，礼仪体现在自我约束、自我控制、自我对照、自我反思的过程中，这就是自律原则。

5. 宽容原则

严于律己，宽以待人是一种境界，是具有较高修养的体现。宽容使我们要理解与体谅他人，不求全责备，不仅要有容忍他人的雅量和为他人着想的品德，而且还要虚心接受他人的批评意见。

三、礼仪的功能和作用

（一）礼仪的功能

人际交往的关系中，礼仪不仅对社会公德、职业道德等行为起到了很好的规范作用，同时协调着人际交往关系中的诸多关系。

礼仪的功能主要有以下三个方面：

1. 约束功能

礼仪一旦形成，其规范与准则便会对人的人际交往行为起到较强的约束作用。每一个处在某种礼仪习俗以及规范环境生活的人，都会有意识或无意识地受到该礼仪的影响。违背礼仪的行为被社会认为是不礼貌的表现，进而便会以其他手段，如在道德或舆论方面来加以约束。假如有人在古典优雅的音乐殿堂或严肃认真的课堂上窃窃私语，便会引起大家的注意并带来不好的感受，这些往往被视为是不礼貌的行为。而时刻注意自身形象的人往往都会有意识地避免这类问题的出现。

2. 协调功能

人类的社会交往关系中人际关系最为重要。每个人都有自己的个性、职业、年龄及性别等，同时人们生活在不同的环境以及接受过不同程度的教育，使得人们在面对不同的人际交往活动中具有差异性的价值观念取向。如人们往往或多或少会优先维护自身的利益，即有“利己排他”的想法，由此也必定会引发双方不同程度的冲突与矛盾，招致误会与麻烦。礼仪的出现在一定程度上可以规范、约束以及调整社会人际关系相处的形式。同时，一些新的礼仪模式也是从化解矛盾角度出发而建立的。由此可见，礼仪在对社会人际关系的调节以及引导建立良好健康的人际关系上具有重要的作用。

3. 教化功能

作为全社会成员行为的道德规范，礼仪在教化众人上起着潜移默化的作用。其教化作用主要体现在以下两个方面：尊重与约束作用和“传承”的作用。前者作为一种道德行为规范对全社会的人员都具有教育作用；后者随着时代的发展，也在得到更新和完善，逐渐成为社会人际交往的一个重要组成部分。

（二）礼仪的作用

作为一种独特的文化，礼仪是人类社会经过长久发展的产物，每个人的行为都被这种约束力所支配。礼仪对促进个人的进步和推进社会的发展具有重要作用。

礼仪主要有以下几个方面的作用：

1. 提高自身修养

在社会社交活动中，人的应变能力及社交技巧往往反映出一个人的气质、品德、见识与教养等情况。人际交往中对礼仪的认知与运用程度往往是一个人文明程度的标尺。一定程度上，礼仪即道德、教养，道德使人高尚，教养使人文明。教养的高低、文明的程度以及道德的水准直观体现在人们对礼仪的运用程度上。因此，认识、学习以及熟练运用礼仪对个人修养的提高大有益处。

2. 美化自身，美化生活

个人形象，具体指的是人的仪容、表情、举止、服饰、谈吐及教养等，然而以上方方面面都能看到礼仪的影子。《易经》说：“雷在天上，大壮；君子以非礼弗履。”

因此，认识、学习和运用礼仪首先可以更好地设计、提升和维护自我形象。其次，良好的教养与优雅的风度也是个人形象的良好展现。最后，和睦的人际交往关系及和谐的生活方式需要通过我们一同重视美化自身，人人以礼相待来共同建构。

3. 促进社会交往，改善人际关系

古人通过“世事洞明皆学问，人情练达即文章”向我们传达了交际的重要性。与人打交道需讲究礼仪，即“礼者，履也”。熟练运用礼仪，使人在交际活动中不仅可以表现得更加自信、游刃有余，而且还可以有效规范双方的交际方式，以及增进双方的了解，使双方更加相互信任、尊重，这也是礼仪最重要的优点。因此，如果人人都能意识到礼仪的重要性，去学习运用它，相信长此以往定能促进个人发展，推动社会和谐。

4. 净化社会风气，推进社会主义精神文明建设

常言道，“细节决定成败”，而细节又反映着人的素质，教养水平一定程度反映出个人素质的高低。礼仪不仅可以作为反映人的教养与素质的标尺，也可以充当人类文明情况的标签。个人的礼仪水准，不仅能反映出个人的素质修养，还能反映出集体的文明程度、素质水平以及整体教养。英国著名哲学家约翰·洛克说过：“没有良好的礼仪，其余的一切成就都会被人看成骄傲、自负、无用和愚蠢。”荀子有云：“人无礼则不立，事无礼则不成，国无礼则不宁。”由此可知，人们遵守礼仪、学习应用礼仪可以有效匡正社会不良之风，对个人以至社会整体的精神文明也具有很好的推动作用。古有“礼义廉耻，国之四维”之说，即礼仪已被古人视为立国所需之本，其地位可见一斑。目前，我国社会主义精神文明建设正在有序稳步推进，其中提到的“讲文明、讲礼貌、讲卫生、讲秩序、讲道德”，以及关于“心灵美、语言美、行为美、环境美”的相关内容正好与礼仪范畴相吻合。由此发现，建设社会主义精神文明与学习运用礼仪是殊途同归、相互促进的。

项目训练

1）为什么说学习礼仪贵在实践？
2）礼仪的内容包括哪些？
3）请谈谈对礼仪的原则中尊重原则的理解。
4）简述礼仪的原则。
5）古代五礼包括哪些具体内容？
6）礼仪的特征有哪些？

项目三　高铁客运人员服饰与妆容塑造

任务1　高铁客运人员服饰搭配规范

早在20世纪70年代，美国洛杉矶大学的心理学教授马瑞比恩博士就得出结论：我们每个人互相之间给对方留下的印象55%取决于我们的外表，38%取决于我们的声音，7%才是谈话的实际内容和背景资料。这是难以以个人意志为转移的，可见服饰搭配的重要性。高铁客运人员在工作中，客运人员的服饰——职业装也是体现客运人员职业性的重要标志，并代表着企业的形象。

教学目标

1. 知识目标

了解服饰与配饰的基本原则。

2. 能力目标

能够运用服饰搭配的基本原则进行着装搭配。

3. 素质目标

提高学生对服饰穿搭和色彩搭配的审美能力。

一、服饰搭配原则

高铁客运人员的着装和配饰都有着严格的要求，规范、有形、大方自然的服饰搭配不仅树立了良好的个人形象，也使高铁乘务人员在服务中能赢得乘客的信任与支持。服饰搭配是个性的展现，是良好综合素质的外显，因此服装和配饰的搭配原则是一名合格的高铁客运人员的必修课。

总的来说，想要服装搭配大方、得体就要牢记并遵守以下原则。

1. 色彩原则

1）根据色彩的三色搭配原则，在服饰搭配时全身颜色不能超过三种，配饰的颜色应该与服饰颜色相搭配，避免身上五彩斑斓，令人眼花缭乱。

2）服装和配饰的色彩选择要考虑自身肤色，较白皮肤在色彩选择时选择面较大，深肤色不宜选择冷色系服装，而适合穿着暖色系或饱和度低的颜色，如黑白灰等颜色。若穿荧光色或过亮颜色，容易显得皮肤颜色更加暗淡和土气。

2. 身型原则

服饰搭配原则应该根据个人身型选择，由于每个人的身型不同，同样服饰的穿着效果也会不同，在服饰选择时应该扬长避短，首先应该考虑的是身型原则。

1）身材矮小的人在希望通过服装打扮在视觉上拉长身高时，应尽量避免过于宽大的衣服，尤其是上衣长度不能过长，过于宽大，应选择修身的上衣。在裤子的选择时，切忌穿七分裤、九分裤等，此类裤型会进一步在视觉上切割双腿，腿部比例会更差。推荐高腰裤装，裤长应能盖住鞋面，尽量在视觉上拉长双腿，上下服饰色彩相同时在视觉上有修长之感。裙装应选择面料垂顺的高腰连衣裙，衣领选择 V 型无领外套，比圆领更能营造修长之感。

2）体型偏胖的人在希望通过服饰搭配达到修身显瘦的效果时，上衣应选择 V 领最佳，适合穿着带竖条的服装，服装的颜色应以冷色调为主，深色服装相对显瘦，浅色服装会有膨胀感。在首饰选择时宜选择线条较粗的项链、手链、戒指，不宜选择椭圆和较宽的款式，避免手指显得更加粗短。长度偏长有垂坠性的饰品能够在视觉上拉长身型，达到显瘦的目的。

二、高铁乘务员职业装着装规范

（一）服饰

1. 女生

女生春季服装着长袖衬衣、马甲、半裙。

女生夏季服装着短袖衬衣、马甲、半裙。

女生秋季服装着西装外套、长袖衬衣、马甲、半裙。

女生冬季服装着冬季大衣、西装外套、长袖衬衣、马甲、半裙。

图 3.1.1　女乘务员春季服装规范

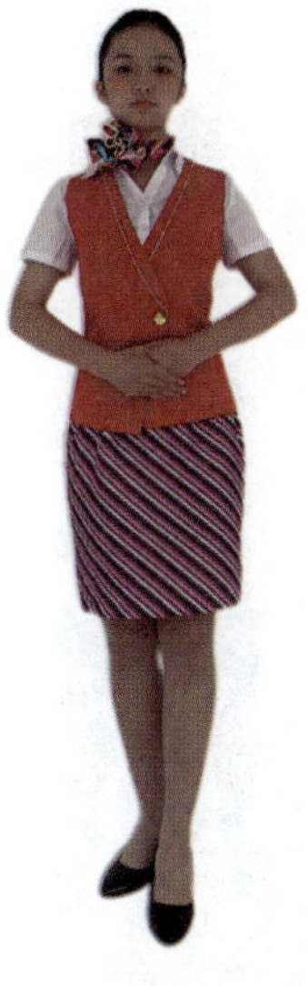

图 3.1.2　女乘务员夏季服装规范

图 3.1.3　女乘务员秋季服装规范

图 3.1.4　女乘务员冬季服装规范

2. 男生

男生春季服装着长袖衬衣、马甲、西装裤。

男生夏季服装着短袖衬衣、西装裤。

男生秋季服装着西装外套、长袖衬衣、马甲、西装裤。

男生冬季服装着冬季大衣、西装外套、长袖衬衣、马甲、西装裤。

图 3.1.5　男乘务员春季服装规范

图 3.1.6　男乘务员秋季服装规范

（二）鞋子搭配

男士女士鞋子均着深色，最好为黑色皮鞋。女士穿浅口高跟鞋，男士穿皮鞋。

（三）配饰

1. 领带

男士最普遍最正式的饰品是领带，领带可以体现出男士的风格、气质。要注意的是：穿戴时要干净、平整，不得有污渍、破损、抽丝等现象。领带的最佳长度为：领带的总长度在以底部三角处于皮带扣之上为佳。

图 3.1.7　温莎结的系法

2. 丝巾

丝巾搭配制服，能体现动车组列车员优雅柔美的气质，传递出舒适、细腻、高品质、高品位的意味。丝巾的叠法有很多，不同的铁路段会有不同的丝巾要求和特色，例如列车乘务员常采用的是百褶花朵结。

丝巾系法

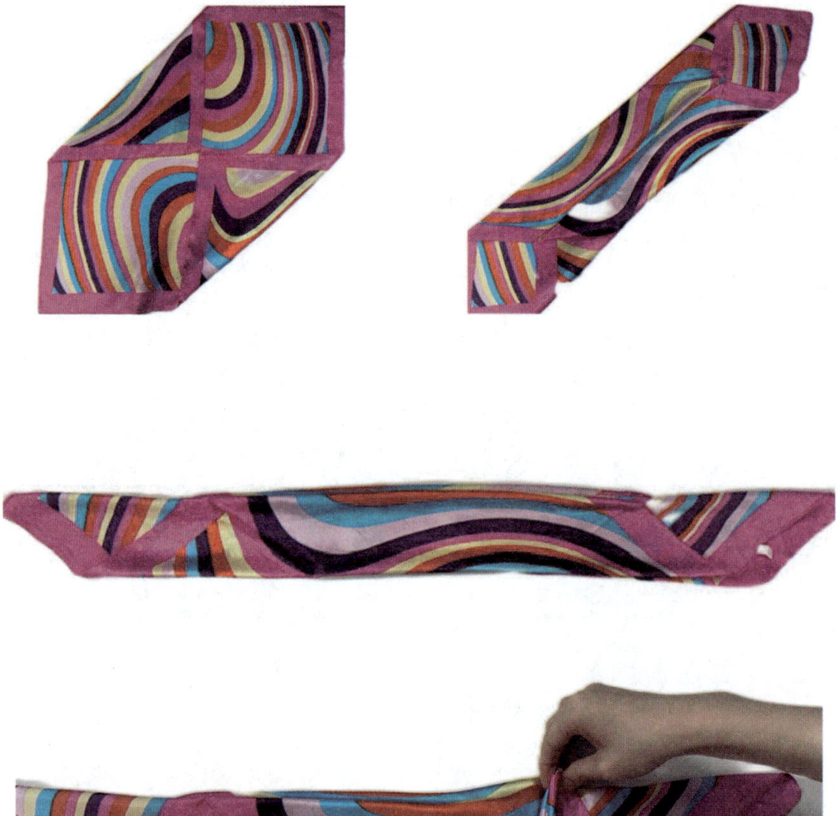

图 3.1.8　丝巾百褶花朵结的系法

图 3.1.9　丝巾的佩戴

另外，如果发生紧急突发情况，丝巾可以代替绷带进行包扎，既美观又实用。

任务 2　高铁客运人员发型规范

高铁客运人员的职业形象代表着客运段的企业形象，高铁客运人员的妆容发型都需要根据客运段要求进行统一。一名合格的客运人员在上岗前，必须按照客运段的标准着装，按标准发型梳理打扮，切不可按照自己的个性来设计发型、着装。

教学目标

1. 知识目标

了解高铁客运人员发型要求和规范。

2. 能力目标

能够按照高铁客运人员发型要求规范自己的发型。

3. 素质目标

通过规范发型，培养学生的职业素养，为塑造职业形象奠定基础。

一、男女标准发型

动车组列车乘务员发型要求

（一）女乘务员发型要求

女乘务员应根据客运段要求统一发型。行业标准发型——短发或发髻。

1）女士短发应长度适宜，长度应在耳下到衣领之上的位置。发色应保持自然发色，梳理整齐后头发应自然放在耳后。

2）女士长发应进行盘发，着标准发髻。长发应盘于脑后，盘发高度应在头中，不能过高或过低。

3）头发要经常梳洗，保持清洁，干净无头屑，颜色自然，不可烫发、染发，留刘海。

图 3.2.1　女乘务员发型要求

（二）男乘务员发型要求

1）男士发型应长度适中，自然露出额头。双鬓长度不可超过内耳廓，后发不过衣领。整体干净整洁，自然得体。

2）不可烫染，颜色应保持黑色。

图 3.2.2　男乘务员发型要求

二、盘发工具

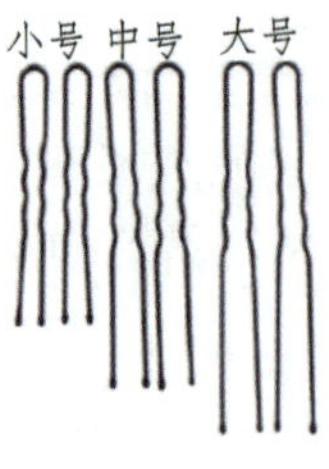

U 型夹

黑色皮筋

一字夹

发网　　啫喱水　　梳子

图 3.2.3　盘发工具

三、盘发方法

1）首先用黑色皮筋扎一个马尾，高度应在头的中部，双耳的连接线处。

2）将马尾逆时针盘绕在头中部，用发卡进行固定，最后带上统一发饰。如使用发网，扎好马尾后直接把头发放进发网后，重复上述动作。

3）最后用啫喱水等定型产品整理碎发，使发型大方得体。

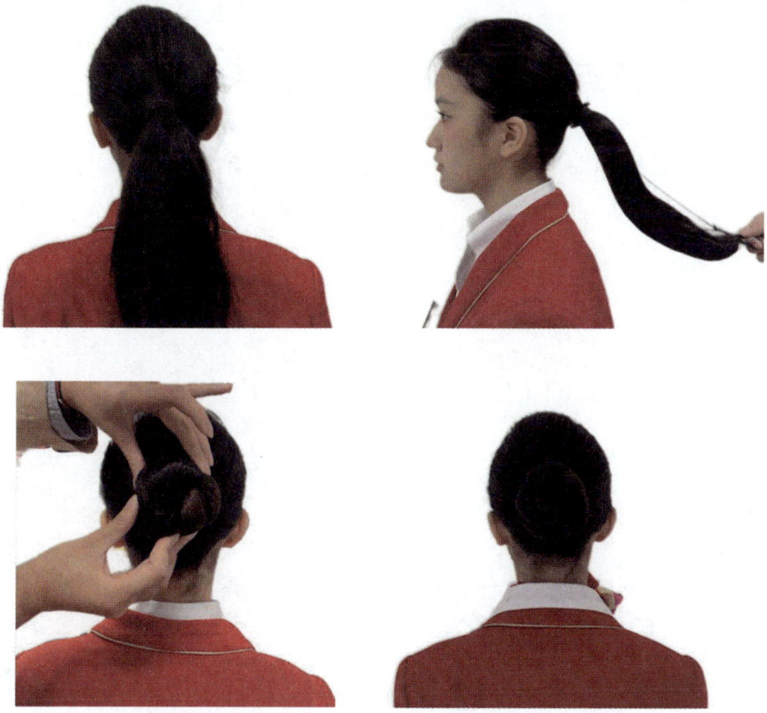

图 3.2.4　盘发步骤

四、盘发标准

1）发髻呈饱满的圆形。

2）发髻圆心在两耳交叉点上。

3）发面平整光滑。

4）左右至多有 2 个一字夹。

5）干净利落，没有碎发。

图 3.2.5　女乘务员标准盘发

任务 3　高铁客运人员仪容规范

高铁乘务人员需要拥有良好的仪容，因此在日常护肤上应格外用心，以保持良好的皮肤状态，应对长时间的工作。

教学目标

1. 知识目标

了解护肤知识，能说出不同护肤品的功效和使用方法。

2. 能力目标

能根据不同皮肤类型选择针对性的护肤品进行日常护理。

3. 素质目标

将护肤理念与职业理念相融合，进一步提升个人综合素质。

一、护肤知识

高铁客运人员仪容规范

（一）皮肤的类型

1. 干性皮肤

干性皮肤干燥缺水，油脂分泌少，秋冬季节皮肤容易干燥起皮，容易产生皱纹和斑点。

2. 油性皮肤

油性皮肤出油量大，毛孔粗大，面部常有油光，尤其是夏季油脂分泌旺盛，容易长痘。

3. 敏感性皮肤

敏感性皮肤面部有红血丝问题，皮肤敏感脆弱，皮肤偏干，容易对护肤品和化妆品过敏，面部容易起红疹或发痒。

4. 中性皮肤

中性皮肤水油平衡好，皮肤光滑细腻，毛孔较小，皮肤水润度高，富有弹性。

5. 混合型皮肤

混合型皮肤 T 区较油，面部其他位置较干。T 区部位毛孔粗大，容易有青春痘和黑头，其他部位毛孔较小，容易干燥起皮。

（二）护肤品介绍

1. 卸妆产品

常用的卸妆产品有卸妆油、卸妆膏、卸妆水和眼唇卸妆水。

1）卸妆油和卸妆膏使用时应干手干脸。将适当的卸妆产品涂于面部，打圈轻柔按摩溶解彩妆后，蘸取少量水将面部卸妆产品乳化后进行冲洗。

2）卸妆水和眼唇卸妆水应使用化妆棉进行卸妆，将适量的卸妆水倒于化妆棉上，轻轻擦拭面部，卸除彩妆。用眼唇卸妆液进行眼部和唇部卸妆时需将化妆棉敷于眼唇部几秒后，以轻柔的方式卸除彩妆。

2. 洗面奶

基础护肤前应使用洗面奶进行面部的清洁，洗面奶能够有效去除面部油脂。将双手打湿，挤适量的洗面奶在手心轻柔揉搓直至洗面奶产生丰富的泡沫后，将洗面奶涂于面部轻轻按摩后，用清水洗净。

3. 化妆水

使用化妆水是护肤第一步，使用化妆水的主要目的是为洁面后干燥粗糙的肌肤快速补充水分。化妆水一般为轻薄的液体，给人一种清爽的感觉。另外凝胶质地的化妆水保湿力更强，可以为皮肤提供更多的水分。大部分产品没有黏腻感和油分感，质感接近水状。

4. 精华液

精华液一般涂于化妆水之后。精华液是一种功能性产品，含有高浓缩活性成分，活性成分颗粒小，渗透力好，可被深层肌肤吸收，帮助细胞再生。可以最快地解决皮肤问题。当皮肤开始老化时，这些活性成分起到辅助剂的作用，抑制皮肤老化。

5. 乳液

乳液涂于精华液之后。乳液多为不透明的黏稠质地，比化妆水具有更强的保湿成分，涂抹乳液的主要目的是为皮肤进一步补充水分。与化妆水不同的是乳液除了能够给皮肤补充水分，还能够为皮肤补充必要的油分，帮助水油平衡。

6. 面霜

涂抹面霜是基础护肤的最后一步。面霜多为无流动性的霜状质地，滋润度高，营养成分高，有封闭性。因此在护肤的最后一步涂面霜，有利于肌肤的锁水保湿。

7. 眼霜

眼霜是一种抗衰老产品，主要用于缓解眼周皱纹和黑眼圈，呵护眼周肌肤。针对眼周肌肤较薄、毛孔较小的特质开发，起到防止肌肤老化的作用。尤其是当眼周出现皱纹时，看起来会显老，而眼霜可有效防止此类皱纹的形成。它有助于营养物渗入眼部周围并保持水分。

图 3.3.1 护肤品的使用

二、护肤品的选择

护肤品的选择应根据自身皮肤进行针对性的选择。不同的肤质在不同季度应针对性地选用基础护肤品。

（一）干性皮肤护肤品的选择

干性皮肤由于皮肤干燥缺水，护肤品的选择上主要以保湿为主，应选择高滋润高保湿护肤品。

1. 洗面奶

选择氨基酸型洗面奶，清洁力适中，温和不刺激，洁面后不会有拔干感。

2. 化妆水

选择精华状的化妆水，保湿力强，滋润力高。

3. 精华液

干性皮肤缺水，易产生皱纹。因此精华液选择保湿和抗皱型产品。

4. 乳液和面霜

选用高保湿的产品，面霜应选用油脂含量较高的产品，保湿锁水力强。

（二）油性皮肤护肤品的选择

油性皮肤因常年皮肤出油量大，因此在护肤品的选择上应选择清爽和控油力强的产品。

1. 洗面奶

选择皂基型洗面奶，清洁力强，能够去除面部多余油脂。

2. 化妆水

选择清爽控油的化妆水，针对皮肤毛孔粗大和青春痘的问题可以选择有消炎镇定功效的化妆水。

3. 精华液

油皮选择精华液应尽量选择含有酸类成分的精华液。含酸的精华能够控制油脂分泌，达到祛痘效果。

4. 乳液和面霜

油皮在春夏季可以只使用化妆水，保湿功效的乳液和面霜在秋冬使用。如需要使用乳液面霜也尽量选择清爽无油的产品。

（三）敏感性皮肤护肤品的选择

1. 洗面奶

选择氨基酸型洗面奶或无泡型洗面奶，温和清洁力度低，不易过敏。

2. 化妆水

选择成分单一温和，不含酒精和致敏成分的补水型化妆水。

3. 精华液

选择修复肌肤和抗敏成分的精华液，帮助肌肤修复，提高肌肤抵抗力。

4. 乳液和面霜

选用不含酒精和致敏成分的乳液和具有抗敏和修复功能的面霜。

（四）中性皮肤护肤品的选择

1. 洗面奶

中性肌肤皮肤水油平衡，可选择氨基酸洗面奶。

2. 化妆水

中性皮肤容易受到季节影响，因此秋冬季节选择保湿型的化妆水，春夏季节选择清爽补水型的化妆水。

3. 精华液

中性皮肤肌肤问题较少，因此选用具有维稳功效的精华即可，也可以根据需求选用功效型精华。

4. 乳液和面霜

根据季节需求选用保湿类乳液和面霜即可。

（五）混合性皮肤护肤品的选择

1. 洗面奶

选择氨基酸和皂基型洗面奶，清洁力较强的同时较为温和。

2. 化妆水

选择保湿力适中的化妆水，有助于混合型肌肤达到水油平衡。

3. 精华液

混合型皮肤由于水油不平衡，在精华液选择上应选用保湿力好但质地清爽的产品以防止 T 区闷痘和控制面中出油量。

4. 乳液和面霜

混合型皮肤夏季一般可不使用面霜，可选择清爽补水的乳液，如使用面霜尽量选择无油性产品。其他季节可根据需求选择清爽但具有保湿力的乳液和面霜。

任务 4　高铁客运人员化妆规范与塑造

高铁客运人员由于工作的特殊性质，需要随时保持良好的仪容，给乘客以赏心悦目的感受。其仪容仪表不仅代表个人的精神面貌，也是企业形象的展示。高铁客运人员应具有良好的个人素质和自我形象塑造的能力。高铁客运人员的职业妆容是自我形象塑造中非常重要的一环，大方得体的妆容是职业能力的彰显，一名优秀的高铁客运人员应熟练掌握职业妆容技能。

教学目标

1. 知识目标

了解各类化妆品的功能与用法；识记高铁乘客运人员的标准妆容要求。

2. 能力目标

能根据自身肤质正确使用各种化妆品和工具，并按化妆的基本程序进行面部各部位的化妆修饰。

3. 素质目标

通过对学生的形象塑造提升其自信，增强交通强国的民族自信。

一、化妆基础知识

（一）底妆

高铁客运人员化妆规范（一）

在化妆时，底妆是必不可少的步骤，底妆产品可以达到均匀肤色，遮盖瑕疵的效果。常用的底妆产品有粉底液、粉底霜、粉底膏、气垫、粉饼等。通常在选择底妆颜色时我们最好选择脖子和脸部衔接处的皮肤颜色，以确保在使用粉底液后脸部和脖子没有明显色差，自然美观。根据不同需求选择所需产品，下面对这些产品做基础介绍：

1. 粉底液

粉底液是所有底妆产品中使用最多的一款。粉底液质地轻薄，有流动性，呈水状，妆效轻薄自然，推荐上妆工具：粉刷、海绵蛋、粉扑。

2. 粉底霜

粉底霜呈霜状，流动性差，相较粉底液滋润度高，遮瑕力更强，适合需要遮瑕的肌肤和干性皮肤使用，由于粉底霜流动性差，膏体比较厚重，不适合刷类产品上装，推荐上装工具：粉扑、海绵蛋。

3. 粉底膏

粉底膏呈固态，无流动性，遮瑕力高，滋润度差，适合有瑕疵的油性皮肤使用，推荐上妆工具：刷子、粉扑、海绵蛋。

4. 气垫

气垫类产品上妆快速，携带方便，但持妆能力较差，适合需要快速上妆的场合或在补妆时使用。

（二）遮瑕产品

遮瑕类产品分为遮瑕液和遮瑕膏。遮瑕液产品的含水量较高，比较滋润。相对于遮瑕膏而言其遮瑕力较弱。遮瑕液适用于眼下进行黑眼圈的遮瑕，或进行脸部大面积瑕疵的遮瑕。遮瑕膏产品含水量较低，质地干，遮瑕力强。适用于小范围的遮瑕，针对于一些斑点和痘痘的遮瑕，因为遮瑕膏质地较干，所以不适合大面积上妆，只适合小面积的上妆，大面积上妆时妆感强，妆面不自然。

（三）定妆产品

定妆产品作为底妆的最后一步，在底妆后使用，能够吸走油光，增长底妆的持妆时间。定妆产品主要分为散粉、粉饼、定妆喷雾。

1. 散粉

散粉主要分为有色散粉和透明散粉两种类型，主要成分为滑石粉，通常使用散粉刷或粉扑进行上妆，散粉上妆后能够有效地吸走油脂，消除底妆后的油腻感，同时填补毛孔，使皮肤更加光滑。有色散粉相较透明散粉有一定的遮瑕度，能够在定妆的同时打造无瑕底妆。

2. 粉饼

粉饼作为定妆产品，主要分为蜜粉饼和有色粉饼。蜜粉饼通常指无色粉饼，由透明散粉压缩制成，和透明散粉功效相同，都能起到定妆控油和平滑毛孔的作用。由于便于携带，外出时使用方便，用粉扑蘸取蜜粉饼便可轻松补妆。有色粉饼普遍指有色饼状产品，有多种色号可以选择，有色粉饼也可以直接作为底妆使用。控油能力强、遮瑕力高，适合油性皮肤和需要遮瑕的瑕疵皮肤使用，便于携带补妆。

3. 定妆喷雾

定妆喷雾主要由水、保湿剂和成膜剂组成。由于含水量高更适合干性皮肤使用，保湿度高的同时也能使粉底液与皮肤更加贴合。在粉底液后将定妆喷雾喷洒在脸部，静待数秒，定妆喷雾将会在脸上成膜，能够起到防水防汗防油的作用，提升粉底液的带妆时间。油性肌肤为了防止脱妆也可以在粉状定妆产品后使用定妆喷雾从而进一步延长带妆时间。

（四）眉部产品

常用的眉部产品有眉笔、眉粉、染眉膏等，使用者根据自身眉部状况和颜色选择适合自己的产品以打造自然的眉部妆容。

1. 眉笔

显色度高，易勾勒眉形。眉部条件较差的推荐使用眉笔进行眉形勾勒，同时可以用眉粉进行内部填充，以打造完美眉妆。

2. 眉粉

着色力相对眉笔较弱，适合眉部颜色填充，眉部条件较好的可以选择眉粉进行上妆。

3. 染眉膏

染眉膏有多种颜色可供选择，能够暂时改变眉毛颜色以达到眉色和发色的统一。在眉部产品颜色的选择上，需要选择与头发发色接近的颜色，只有保证眉毛和发色一致，妆容才能自然和谐。

（五）眼妆产品

常用的眼妆产品有眼影、眼线、睫毛膏，使用者根据自身妆容要求选择相对应产品。

1. 眼影

眼影色彩多样，涂于眼睑后能够自然消肿，强化眼神，使眼睛呈现立体美感。

2. 眼线

眼线类产品通常有眼线笔、眼线液、眼线膏等产品。眼线笔通常使用黑色和棕色，勾勒加深上下眼线，涂于睫毛缝隙间，以达到放大双眼，强化眼神的效果。

3. 睫毛膏

睫毛膏的主要作用是给睫毛着色，使睫毛增长，浓密卷翘，使用者可以根据自身睫毛条件选择浓密或增长效果的睫毛膏，以达到改变眼形，美化双眼的效果。

（六）唇妆产品

唇妆产品选择多样，如口红、唇釉、唇蜜、染唇液等，产品多样，质地不同，是涂抹于唇部的彩妆产品，涂抹后能够改变唇色，修饰唇形。使用者可以根据喜好自行选择唇妆产品。应该根据皮肤颜色选择适合的口红颜色。

（七）高光修容腮红类产品

1. 高光

高光产品用于脸部的提亮修饰。高光类产品主要有高光粉、高光膏。涂于脸部凹陷处能够在视觉上使凹陷处凸起，以达到改变脸型的效果。在修容产品的选择上，高光膏更加细腻自然，但持妆效果相对高光粉较差，油性皮肤推荐使用高光粉，干性皮肤可以根据自身情况选择。

2. 修容

修容产品能够修饰脸型，使脸部看起来更有轮廓感，是增加脸部的立体感的彩妆产品。修容与高光产品搭配使用能够增强脸部轮廓，进一步修饰脸型。修容产品主要有修容膏、阴影粉。新手推荐使用阴影粉，粉类产品相较膏类产品更易晕染，持久度高对新手友好，油性皮肤建议选择阴影粉，干性皮肤可以根据自身情况选择。

二、化妆的基本步骤

高铁客运人员化妆规范（二）

在基础护肤后开始化妆步骤，防晒霜是护肤的最后一步。特别注意的是为了保证后续上妆效果，基础护肤以保湿为主，精简护肤，尽量不要使用功效型精华。涂完防晒霜后，不可立刻上妆，等脸部护肤品吸收，用手摸脸不再黏腻后，才可开始上妆，以防止后续上妆搓泥。

化妆的基本步骤包括：

1. 上底妆

选择适合的粉底产品，以点涂的方式均匀涂于全脸，然后使用粉扑轻轻拍开。如使用化妆刷进行上妆，要由内而外地刷开粉底液，必须同一方向刷开粉底液，不可来回反复刷开粉底液。如粉底刷上妆后有部分刷痕，再使用粉扑以轻拍的方式消除刷痕。

2. 遮瑕

底妆之后，脸部的瑕疵已经得到改善，但仍有部分瑕疵，比如痘痘、斑点、黑眼圈等无法被完美地遮盖，为了打造完美无瑕的底妆，将会使用遮瑕产品进行进一步的遮瑕。首先，脸部大面积的瑕疵，比如黑眼圈、脸部的红血丝、肤色不均等，一般使用遮瑕液进行遮瑕。在黑眼圈或者泛红血丝肤色不均等处，推荐使用校色遮瑕液进行颜色的校正，通过对比色的原理，彩色遮瑕液比普通的肤色遮瑕液能达到更好的遮瑕和颜色矫正效果。在使用遮瑕液时以轻点的方式将遮瑕液涂到需要遮瑕的地方，然后用海绵以轻拍的方式进行上妆。痘痘、斑点处使用遮瑕膏进行遮瑕。遮瑕膏推荐使用遮瑕刷进行上妆，首先使用遮瑕刷蘸取适量的遮瑕膏后将遮瑕膏轻轻点涂到需要遮瑕处，然后轻点边缘晕开，将遮瑕膏与粉底自然融合，以达到自然完美的遮瑕效果。

3. 定妆

定妆粉在粉底液后使用，使用粉饼或散粉等产品定妆，定妆时可以选择粉扑和散粉刷进行上妆。使用粉扑上妆时，先倒适量的散粉到粉扑上，然后把粉扑上的散粉揉匀，以点拍按压的方式由脸部的内侧到外侧进行上妆。特别要注意的是，用散粉上妆时不能够以推拉的方式进行上妆，如果以推拉的方式进行上妆，很容易破坏刚刚上好的底妆。用散粉刷进行上妆时，蘸取适量的散粉，然后抖掉多余的余粉后，以轻拍按压的方式进行上妆。有时也可选择用轻扫的方式上散粉，轻扫方式上妆时妆面比较轻薄，但相对定妆能力较弱，适合皮肤较好的干性皮肤进行上妆。

4. 画眼影

眼影使用眼影刷进行上妆，日常使用最多的眼影化妆法是三色眼影法。第一步使用大号的眼影刷蘸取打底色，大面积地刷到眼窝处。打底色一般选择哑光的浅大地色进行打底，能够起到消肿的作用。第二步使用中号眼刷进行上妆，选取一个比打底色略深的颜色涂在上下眼尾和双眼皮褶皱内。第三步选取一个珠光色涂在眼球的正上方，给眼睛进行提亮。最后用晕染刷蘸取晕染色，把眼影的边缘处进行晕染，消除眼影的边缘感，使三种眼影颜色过渡自然。晕染色选择哑光白色或米色眼影最为适宜。

5. 画眼线

在日常使用中，一般选择棕色和黑色色系的眼线产品。将眼线液涂于睫毛根部，填满睫毛间的空隙处，然后将眼线拉出眼尾勾画一个自然的弧度，以达到改善眼型、放大双眼的效果。

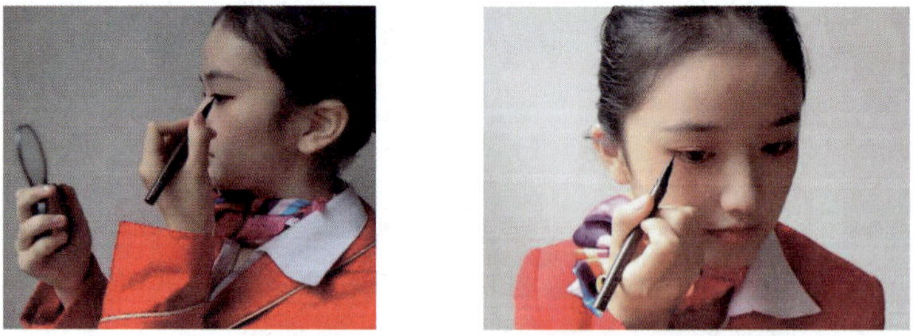

图 3.4.1　眼线液笔的使用

6. 涂睫毛膏

在使用睫毛膏之前，首先使用睫毛夹把睫毛夹卷，使睫毛呈现出像太阳花般的卷翘效果，然后从根部开始涂抹睫毛膏，在涂睫毛时要照顾到每一根睫毛。涂下睫毛时与上睫毛方法相同，从根部向下涂。涂完后如果感觉睫毛还不够浓密纤长，可以待睫毛膏干后再涂一遍睫毛膏，反复涂抹以达到卷翘浓密的效果。

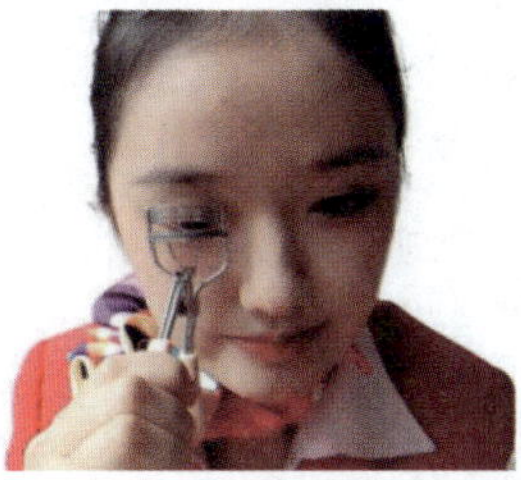

图 3.4.2　睫毛夹和睫毛膏的使用

7. 勾眉

用眉笔轻轻地描画出眉毛的形状。加重涂抹并且将眉毛拉长画出向下的弧度。再用眉笔把眉毛之间的缝隙填满。最后用眉刷整齐使之更加有型、完整。

8. 抹腮红

腮红根据肤色选择适宜的颜色。使用腮红刷将粉状腮红涂到苹果肌处即可。粉状腮红在定妆后进行上妆。特别需要注意的是，如果选择液体腮红或腮红膏等产品，需要在底妆后、定妆前进行上妆。

9. 修容

在底妆后使用修容刷蘸取适当的修容粉，从脸部外侧向内轻扫进行脸部修容，如选择修容膏、修容液等产品，需要在粉底液后、定妆之前进行上妆。修容产品需要进行反复晕染，消除阴影与粉底液的边界感，以达到自然修容瘦脸的效果。

10. 上高光

使用刷子或用手指蘸取适量高光粉涂到需要提亮的部分，高光类产品切忌大范围涂抹。粉状类高光产品在定妆后使用。膏状类的产品在粉底后定妆粉之前使用。

11. 涂口红

在涂抹口红之前，先使用唇膏对唇部进行滋润。然后用纸巾擦掉唇膏后进行口红涂抹。涂抹口红时，从正中间开始涂抹，注意勾勒出唇形，使唇部的线条清晰。涂完口红后，可以轻抿双唇，将口红的颜色均匀地分布在唇部，也可以使用手指轻轻按压进行唇形的再修饰。

图 3.4.3　口红的涂抹

三、高铁客运人员化妆的原则

1）着淡妆，不可浓妆艳抹。

2）不可使用强芳香型彩妆产品。

3）妆容完整，避免妆容残缺。

项目训练

实训项目	高铁客运人员服饰与妆容规范与塑造
实训目标	1）通过练习提高学生塑造仪容仪表的能力，能规范着装。 2）通过练习提高学生的化妆水平，使学生能画出符合行业规范的职业妆容。
实训内容及组织	学生自愿组成小组，每组2人。 实训内容：互相为小组成员化出符合行业规范的职业妆容并搭配服饰。
实训考核	每组提交拍摄的妆容照片。各小组进行汇报。由教师、小组、个人进行评分。

项目四　高铁客运人员仪态塑造

任务 1　表情礼仪

表情是人们内心情感的表现，礼貌可以通过得体的身体动作和声音表现出来。当外部客观事物以语言、物体和行为的形式刺激人们的大脑时，人们会收到不同的内部反应，接收到的感受和情绪会通过人体相应的表情呈现出来，并出现在人们的脸、身体、姿势和声音上。人们常说“情感之于心，形状之于外，传递之于声”。人类的面部表情是复杂的。美国心理学家阿尔伯特 · 梅拉比安（Albert Melabian）将人的情感表达效果总结为一个公式：情感表达 = 语言（7%）+ 声音（38%）+ 表情（55%）。

一般来说，人们最重要的情感表达方式是目光和微笑。

教学目标

1. 知识目标

了解表情礼仪的基本要领。

2. 能力目标

能掌握好面部表情，给人留下深刻的印象，并体现出自身的良好修养。

3. 素质目标

通过目光和微笑的训练，培养学生正确运用目光和适度微笑的习惯，提升高铁客运工作者的职业素养。

一、目光

目光是面部表情中最重要、最核心的部分。在人际交往过程中，眼神应该是一种真诚而含蓄的语言。眼睛是心灵的窗户，从一个人的眼睛里，你可以看到他的整个内心世界。如果你想树立良好的沟通形象，给人留下良好的印象，你的目光应该是友善的、亲切的、有神的、坦然的。在与人交谈的过程中，我们应该互相关注，以显示人与人之间的真诚和尊重。

在与人交流时，呆滞的、疲倦的、冷漠的、轻视的、东张西望的眼光都是不礼貌、不尊重对方的行为。交谈过程中不要盯着对方看太久、反复观察上下打量对方、不要互相眨眼或斜视。

案例分析

在某家大型公司做新人培训时，负责人在培训期间给新入职的人员分享了这样一个小故事：“有一次我出去工作谈生意，和一家销售公司的经理共进午餐。吃饭过程中有许多漂亮的女服务员从我们的桌子旁边经过，某公司经理总是一直看着女服务员而不理睬我。我觉得很不舒服，感觉没有得到尊重。在他看来，一个女服务员的美貌比他的工作更重要。”

思考：① 企业经理为什么会生气？

② 与人交谈怎么合理使用眼神？

③ 注视的时间、角度应该是怎样的？

（一）表情的主要构成

表情是由眼神和微笑构成的。

（二）注视时间

在人际关系中，特别是在与熟人和知心人的交往中，长时间的互相关注是非常重要的。在与他人的交谈中，仔细倾听对话也需要更多的相互关注。

1. 表示友好

在交谈时，若对方表示友好，注视对方的时间应占总时间的三分之一左右，表示友好尊重。这种注视通常适用于公务场合，如图 4.1.1。

2. 表示重视

在与对方沟通交谈过程中，当对方表示关切时，如开会、上课、培训、提问等，注视对方的时间应占总时间的三分之二左右。这种注视通常适用于社交场合，如图 4.1.2。

图 4.1.1　公务注视

图 4.1.2　社交注视

3. 表示轻视

如在交谈时注意对方的时间不到相处全部时间的三分之一，大多数意味着瞧不起、不尊重对方，或对谈话内容没有兴趣。

4. 表示敌意

如在交谈时注视对方的时间超过了全部相处时间的三分之二，很可能对对方表现出敌意，或者挑起麻烦。

5. 表示兴趣

注视对方的时间超过总时间的三分之二也存在另一种情况，即当你对对方感兴趣，并吸引了对方的注意或表达爱意。这种注视适用于关系较亲密的交往场合，如图 4.1.3。

图 4.1.3　亲密注视

（三）注意角度

当与他人交谈或看着他人时，眼睛的角度，即眼睛的方向，是与接触的亲疏有关的。注视他人常规角度有：

1. 平视

平视，即视线呈平行的水平状态，也叫正视。一般适用于普通场合。与自己的朋友或者是与身份、地位平等的人进行交往谈话时，在平视时面部表情应该自然，面带微笑，如图 4.1.4。

2. 侧视

侧视是处于一种平视的特殊情况，即适用于在与一位对角一侧的人交流时运用到的。左侧视、右侧视面部表情放松，面带微笑，面向对方、平视对方，如图 4.1.5。在侧视时注意方向，否则呈现为斜视对方，那是非常失礼的注视方式。

图 4.1.4　平视

图 4.1.5　侧视

3. 仰视

仰视，即在与人交谈时，对方处于自己的上方，或者主动居于低处，抬眼向上微微抬头，面带微笑注视他人，如图 4.1.6。表示对对方的尊重、敬畏之意，适用于与长辈交谈之时。

4. 俯视

俯视，即在与人交谈时对方处于自己下方，低头向下注视他人，一般使用的场合是在身居高处时，如图 4.1.7。它也可以用于长辈对晚辈表示宽容、怜爱，也可以表示对他人的轻慢和歧视。

图 4.1.6　仰视

图 4.1.7　俯视

5. 多样的眼神礼仪

世界的各个民族，往往会使用特定眼神来表达当地的礼节或礼貌。

（1）注视礼

适用于阿拉伯人民在倾听尊长和宾客好友谈话时，两眼一直平视对方或者直直地注视着对方，以表示敬重。日本人在交谈时，恭恭敬敬地注视着谈话者的颈部，以表示尊重和礼貌。

（2）远视礼

南美洲的一部分印第安人在与自己的亲友或贵客谈话的过程中，目光总是向远方眺望过去，环顾四周。如果是面对三位以上的亲友、贵客讲话，则是要背向他们，看着远方，来表示尊敬。

（3）眯目礼

在波兰的阿斯沃等地区，当地已婚妇女与丈夫的兄弟交谈时，总是眯起眼睛，以表示谦恭之礼。

（4）眨眼礼

安哥拉的基姆崩杜人，当在贵宾光临时，总要一直不断地眨着自己的左眼，以表示欢迎。光临的宾客则要眨着自己的右眼，以表示答谢。

（5）挤眼礼

部分地区的澳大利亚人遇到熟人时，除了说“你好”以表示问候和礼貌外，有时还互相眨眼，即挤压左眼，以表示礼貌的问候。

6. 两种错误的眼神

在日常生活交往中，正确地运用眼神可以给对方留下良好的印象，提高交往的成功率，赢得事业和感情。不正确地运用眼神则会适得其反，引起没有必要的麻烦和误会。

（1）盯视

盯视常常传递着一种不礼貌的信号。如果你一直盯着一个人，特别是盯着人的眼睛，不管是有意还是无意，都会让人感到不舒服，觉得你不尊重人。因为当你凝视对方时，对方也会有强烈的心理反应。盯视在某些特定场合被用作一种心理战技能。如果在正常的社交场合贸然使用，很容易引起误解，使对方感觉受到侮辱甚至感到被挑衅。人的感官很敏感，只要有人盯着自己看，就会本能地意识到这一点，因此注意力会立即转移到盯着自己看的人身上。即使你没有恶意，但盯视容易传递出不礼貌的信号，因此必须在日常工作和生活中规范你的目光。

（2）眯视

眯视常给人以不友好的感觉，它使人显得傲慢自大、冷漠孤僻。眼睛的语言实际上是一个人的修养和素质的体现。成熟、高素质、受过教育的人会善于控制自己的目光，表现出优雅、友好的风度，在与人的交往中表达出自己的善意。

二、微笑

表情礼仪——微笑

笑不仅是一个人的面部表情，也是给人第一印象的视觉感受。笑有很多种，比如微笑、大笑、冷笑、嘲笑，等等。不同的笑所表达的情感是不同的。发自内心的微笑是最美的。在人际交往中，我们应该保持微笑。微笑是对人的尊重，能表现出理解和友好。与他人交流时微笑能使人感到亲切、舒适、温暖和相互尊重，微笑还可以增加魅力，获得理解，收获友谊。

微笑有无限的力量。有些人把微笑比作全世界使用的“货币”，因为它很容易被全世界的人接受。

案例分析

晶晶是铁路运输学校三年级的学生。接受采访时，她分享了自己面试成功的经历：“我并不是我们组中最漂亮的应聘者。但是面试后，面试官对我说，是我微笑中的真诚打动了他们。”微笑很重要，微笑是一种愉快的面部表情，可以缩短人与人之间的心理距离，营造温馨和谐的氛围，进行深入的沟通。

通过交流，我们了解到晶晶把微笑视为发自内心的爱，并把它比作人际交往的润滑剂。她说，在面试中，保持微笑，可以给自己信心，增加成功的概率。

思考：晶晶面试成功的经历说明了什么呢？联系自己的微笑经验，说出微笑的四大优点。

（一）微笑的种类

1. “一度”微笑

微笑时只牵动嘴角肌，面部肌肉自然，适用于初迎客宾时，如图 4.1.8。

2. “二度”微笑

微笑时嘴角肌、颧骨肌同时上提，面部肌肉自然，适用于社交交谈时，如图 4.1.9。

3. “三度”微笑

微笑时嘴角肌、颧骨肌和笑肌同时上提，并露出 6 ~ 8 颗上牙。表情自然，适用于工作成功和欢送宾客时，如图 4.1.10。

图 4.1.8 一度微笑

图 4.1.9 二度微笑

图 4.1.10 三度微笑

（二）微笑的要点

在日常生活工作当中，怎样才能运用好我们的微笑呢？主要掌握以下几点要求即可：

1.微笑的主要特征

面带笑意，表情自然，但面部表情不能太明显。一般来说，当一方微笑时，对方听不到笑声，也看不到牙齿。

2. 微笑的基本方法

首先我们自己要放松面部的肌肉；然后嘴角微微往上翘，面部苹果肌有向上提拉的感觉，让嘴唇呈现出一个弧度；最后在不牵动鼻子、不发出笑声、不露出牙齿的状况下，尤其是不能露出自己的牙龈，轻轻地笑一下。

（三）注意整体面部表情的配合

1. 微笑是人面部各部位的综合运动

微笑时要注意面部表情的整体协调：目光柔和发亮，具有亲和力，双眼微微睁大，不要挤自己的眼睛；眉头放松自然不紧皱，眉毛可以微微向上扬起；注意不要耸立自己的鼻子和耳朵。

2. 微笑表里如一

真正发自内心的微笑，是具有丰富内涵的，还代表着一个人的内在修养。发自内心的微笑才具有真正的感染力，做到笑中有感情，感情中有笑。

（四）微笑的禁忌

1. 假笑

假笑即虚假的笑，皮笑肉不笑，它违背了微笑的真实性原则，是没有价值的笑。

2. 冷笑

冷笑即带有怒意、不满、讽刺、无可奈何、不以为然等情绪的笑。这种微笑非常容易让人与人之间产生敌意。

3. 怪笑

怪笑即诡异、奇怪的笑，它让人感觉被恐吓或被恶意嘲讽，令人反感。

4. 媚笑

媚笑即刻意讨好别人的微笑，并非发自内心，而是带有一种功利性目的。

5. 窃笑

窃笑即偷偷地笑，看别人笑话时的笑，一般表示幸灾乐祸。

6. 怯笑

窃笑即害羞或胆怯的笑。比如在笑的时候，用手遮住自己的嘴巴；不敢和别人有眼神交流，甚至还会面红耳赤，说话的时候语无伦次。

7. 狞笑

狞笑即在笑的时候凶神恶煞。大多数表示惊恐、愤怒，用于吓唬别人。这种笑毫无美感可言。

三、表情的训练方法

（一）目光练习

1. 练习眼部有神

面对镜子，睁大眼睛，看着镜子里的自己，尽量放松，试着让眼睛发光。

2. 练习眼睛的灵活性

可以固定一个物体在视线的上、下、左、右位置的某点上，眼球围绕左、上、右、下形成一个圆圈。在练习过程中，需要做到眼睛旋转，头部不移动。通过训练眼睛随着目标旋转，提高眼睛的灵活性。

3. 检测眼神效果

练习之后结合自身的微笑表情由别人观看评价效果。

（二）微笑训练

1. 咬筷子训练法

用上下两颗门牙轻轻咬住一根筷子的中部，嘴角对准，嘴角两边微微翘起。与筷子在同一水平线上；继续咬着筷子，嘴角最大限度地上扬。可以使用双手按住嘴角轻轻向上推，上扬到最大限度。注意牙齿不能露得太多，不能露出牙龈。

2. 照镜子练习法

面部表情自然放松，用自己的双手食指放在两边嘴角处，嘴角轻轻上扬，手指顺着嘴角向上。一边手推动嘴角处轻轻上提，使我们的面部充满笑意。

3. 情绪记忆法

回忆自己开心的事情，触发自己内心的情感，发自内心地微笑。

4. 发音练习法

可对镜练习发“一”“七”“茄子”“田七”的音，在表情自然的情况下，练习嘴角肌的运动，使嘴角露出微笑。

5. 情景熏陶法

通过美妙、有感情的音乐或者幽默笑话等创造一个良好的微笑环境和氛围，练习会心的、发自内心的微笑。

四、表情礼仪操

（一）注视：4/8

公务注视 1/8　社交注视 2/8　亲密注视 3/8　公务注视 4/8

（二）微笑：4/8

“一度”微笑：1/8　“二度”微笑：2/8
“三度”微笑：3/8　“一度”微笑：4/8
音乐参考：歌名《爱的协奏曲》　演唱者：Richard Claderman

任务 2　体态礼仪

体态又称为举止，是指人们的行为动作和面部表情。在日常生活中，站、坐、走、蹲等肢体动作都可以称为体态。人的体态与修养、素质有很大关系，体态就像一种身体语言，它可以通过身体动作来传达和表达意思和想法，久而久之，人的身体动作有了特定的意义和内涵。在与人沟通的过程中，可以通过体态来初步了解一个人的修养。体态是否优雅得体，直接反映了人的内在品质；行为是否规范、到位，直接影响到他人的印象和评价。“行为举止是心灵的外衣”，它不仅能反映一个人的外在形象，还能反映一个人的内在修养、品性和精神气质。体态是礼仪的重要组成部分，体态的美是一种极具魅力和吸引力的美。人们应该坐有坐相，站有站态，走有走姿。

教学目标

1. 知识目标

识记站、坐、走、蹲、鞠躬等体态的要领，认识到体态礼仪的重要性。

2. 能力目标

掌握站姿、蹲姿、走姿、行姿的动作要领，并能正确运用体态。

3. 素质目标

通过体态训练，提升高铁客运人员气质和外在形象，提升学生的自信。

一、站姿

体态礼仪——站姿

站姿是人类的本能，是生活中不可缺少的行为。它通常是静态体型，优于其他动态体型，也是基本体型的起点。俗话说，“坐如钟，站如松”，这是对中国个人形象的描述。当人们描述一个精力充沛的人时，他们经常用“高大挺拔”这个词。一个人的站立姿势是衡量一个人外表和精神的重要标准。

案例分析

小李是××公司的 VIP 客户，被商家邀请参加典礼。在典礼结束拍合照时，为了能够凸显自己，小李便把双脚分得很开，左手插兜，右手横摆着比了一个剪刀手。合照上小李确实很“突出”，笑容灿烂，但是他旁边那位宾客与他的表情动作反差很大，显得不太自然。

思考：① 小李的这种站姿是否为他的拍照加分？

② 在公共场合应当使用什么站姿？

（一）男士站姿

1. 男士标准站姿

基本动作要领：双臂自然下垂，双脚 V 字步，中指对准裤缝，如图 4.2.1。

2. 男士双手叠握站姿

基本动作要领：双手交叉，叠握于腹前，左手在外，搭握于右手背，双脚平行步，如图 4.2.2。

3 .男士后搭手站姿

基本动作要领：双手在身后交叉，左手在里，搭握于右手，贴在背部，双脚平行步，如图 4.2.3。

4. 男士提包站姿

基本动作要领：双臂自然下垂，中指对准裤缝，双脚平行步，如图 4.2.4。

图 4.2.1　男士标准站姿

图 4.2.2　男士双手叠握站姿

图 4.2.3　男士后搭手站姿

图 4.2.4　男士提包站姿

（二）女士站姿

1. 女士标准站姿

基本动作要领：双臂自然下垂，双脚 V 字步，中指对准裤缝，如图 4.2.5。

2. 女士前搭手站姿

基本动作要领：双手交叉，叠握于腹前，右手在外搭，握于右手背，双脚 V 字步或丁字步，如图 4.2.6。

3. 女士持文件站姿

基本动作要领：双手侧持文件夹，身体立腰、拔背、收腹，双脚丁字步，如图 4.2.7。

图 4.2.5　女士标准站姿图

图 4.2.6　女士前搭手站姿

图 4.2.7 女士持文件站姿

（三）站姿的禁忌与影响

1）在正式场合站立时，双手不能插在自己的裤兜里，单手也不可以，这样会给人一种特别随意的感觉，留下不好的印象。

2）在正式场合与人交谈时，不可双手交叉抱在自己的胸前，这种站立姿势容易给人留下傲慢的印象。

3）在正式场合不可歪倚、斜靠桌子或者凳子等物品，整个人站不直，没有精神，给人一种十分慵懒的感觉。

站立是人体最基本的也是最重要的姿态之一，不良的站姿会给我们带来不良影响，例如会影响我们的身体健康，导致体内血液循环不畅，很有可能会压迫我们的内脏，导致消化不良，胃、肺功能变差。反映在形体上，会造成弯腰驼背、垂胸、高低肩、下腹肥胖等情况；反映在外貌上，会出现眼睛模糊无神、皮肤暗淡无光等情况。

（四）站姿训练方法

1. 靠墙训练法

背墙站立，双手自然垂放在身体两侧，头、双肩、臀部、小腿、脚后跟靠着墙壁，抬头挺胸平视前方，以训练整个身体的控制能力。

2. 双腿夹纸法

在靠墙训练法的基础上，站立者在两大腿间夹上一张纸或者是一本薄的书，保持纸不掉书不松，可以训练我们腿部的控制能力，也能纠正我们的轻微“O”型腿和轻微“X”型腿。

3. 顶书训练法

在标准站姿的基础上，站立者在头上顶一本书，在标准站立的基础上保持书的平稳性。可以训练头部的控制能力。

4. 效果检测

在轻松地摆动身体后瞬间停下，以标准站姿的要求站立在原地，如果姿势不够标准，应该多加强练习，直至无误为止。

二、坐姿

坐姿是体态美的主要内容之一，尤其重要。女性坐姿要端正优美，给人一种温文尔雅，稳重的感觉，男性坐姿要有精神、看起来不能没有气势。坐姿最主要的是呈现自然大方的美感。

案例分析

小张是某公司的工作人员，长相漂亮，工作能力也强。有一次公司开会，有个重要客户也来参加。会议开始之前他推门进来，恰好看见坐在门口对面的小张穿着裙子，翘着“二郎腿”抖腿。小张只好尴尬又匆忙地把腿放下去调整坐姿。整个会场的气氛有点尴尬。

思考：① 为什么气氛会尴尬？

② 在重要场合应该使用什么坐姿？

（一）男士坐姿

1. 标准坐姿

基本动作要领：大臂自然下垂，双膝平行打开，垂直于地面双手合握，置于两腿间，或小臂放松手贴于大腿，如图 4.2.8。

2. 前伸式坐姿

基本动作要领：在标准坐姿基础上，双腿前伸，双脚在脚踝处交叉，如图 4.2.9。

3. 后点式坐姿

基本动作要领：在标准坐姿基础上，右脚向后撤一脚，脚掌着地，小臂放松手贴于大腿，如图 4.2.10。

图 4.2.8　标准坐姿

图 4.2.9　前伸式坐姿

图 4.2.10　后点式坐姿

（二）女士坐姿

1. 标准坐姿

基本动作要领：大臂自然下垂，双脚正步位，膝盖并拢垂直于地面 90°，双手交叉叠放于两腿间，如图 4.2.11。

2.（左右）侧点式坐姿

动作基本要领：在标准坐姿基础上，两小腿依次向左侧斜出，右转 45°，双膝并拢，右脚掌贴于左脚脚心处小腿和脚背充分伸直双手合握，置于两腿间，如图 4.2.12。

图 4.2.11 标准坐姿

图 4.2.12 侧点式坐姿

3.（左右）侧挂式坐姿

基本动作要领：在侧点式坐姿基础上，右脚从里挂于左脚脚踝处双膝并拢，脚背下压显长，双手合握，置于两腿间，如图 4.2.13。

4.（左右）重叠式坐姿

基本动作要领：左脚侧点式，右腿重叠于左膝上，右脚尖自然下垂，双手合握，置于右腿，如图 4.2.14。

5. 后点式坐姿

基本动作要领：在标准坐姿基础上，右脚向后撤一脚，脚掌着地，小臂放松手贴于大腿，常用于准备站立时连接动作，如图 4.2.15。

图 4.2.13　侧挂式坐姿

图 4.2.14　重叠式坐姿

图 4.2.15　后点式坐姿

（三）坐姿的禁忌

1）在女性穿裙子的时候，坐下一定要并拢双腿；坐下需要有手抚裙的动作。

2）在坐下时切记男女都不宜抖动自己的腿，不要乱晃、乱颤。

3）坐下时禁止身体前后歪动，脊背弯曲。

4）坐下以后自身的头部不能过于往前倾斜，给人一种不自在的感觉。

5）坐下以后不要胡乱地挪动椅子，发出声音，如有调整，应站起来抬起凳子调整，不要坐着搬。

6）在比较正式的场合坐下时忌讳跷二郎腿时摇腿，给人一种随意的感觉。

（四）坐姿的训练方法

1）精神饱满，面带微笑，表情自然，平视前方或注视交谈对象。

2）身体坐下时端正舒展，腰背挺直，重心垂直向下或稍向前倾，臀部占座椅面的三分之二。

3）坐下时男生的双腿可以微微分开，女生双脚合并，双脚并齐。

三、蹲姿

蹲姿，是一个人处于在静态时的一种特殊体位，在日常生活和正式场合中，蹲姿是用于取放物品、捡拾落在地上的物品或在需要合影时位于前排时的动作。作为有礼仪修养和内涵的人士，是不会在公共场合随意弯腰蹲下的。

体态礼仪——蹲姿

案例分析

在某公司的年会聚会上，公司新入职的员工小张手中擦嘴的纸不小心掉在了地上，她穿着一条黑色短裙，这时她一着急就直接弯腰拾起了掉落在地的卫生纸，但由于小张直接弯腰，裙子短，差一点走光，周围的同事都看见了，当小张反应过来时气氛略显尴尬。

思考：① 身穿短裙时，蹲下应注意什么？

② 小张应该使用什么样的蹲姿拾起不小心掉落的纸巾？

（一）蹲姿

1. 高低式蹲姿

基本动作要领：在标准站姿的基础上，右脚垂直向后撤半步，脚掌踏步在后，左脚全脚着地，双膝自然下蹲弯曲，臀部轻贴于后脚跟，男士双膝分开 45°，双手自然扶膝；女士双膝紧闭，双手重叠置于左膝裙摆处，如图 4.2.16。

2. 交叉式蹲姿

基本动作要领：在标准站姿基础上，左脚向右脚斜后方退一小步，脚掌点地，左膝在后与右腿交叉，重心在两脚间，下蹲时，左膝从右侧穿出，左脚脚跟离地，中段挺拔，身体注意直上直下，下蹲时双手虎口手背捋裙后成重叠手势扶膝，如图 4.2.17。

3. 单跪式蹲姿

基本动作要领：单膝式跪姿是一种非正式场合的蹲姿，常用于下蹲时需要方便双手用力的情况。它和高低式蹲姿相似，存在的差异是下蹲时右膝跪地，如图 4.2.18。

图 4.2.16　高低式蹲姿

图 4.2.17　交叉式蹲姿

图 4.2.18　单跪式蹲姿

（二）蹲姿的禁忌

1）弯腰捡拾物品时，禁止两腿叉开，直接弯腰向下。臀部向后撅起，是不雅观的姿态。两腿展开，平衡下蹲，这种蹲姿也不优雅。

2）女生在蹲下时除了注意下蹲方式，也要注意“不可以露，不可以透”。

3）蹲姿的训练方法有：① 情景模拟；② 顶书练习；③ 对镜练习。

四、走姿

走姿，走路姿势，也称步态，是一种动态美。优雅、稳定、自信、敏捷的行走姿势会给人一种美感，从而产生吸引力，体现了一个人积极向上的精神。良好的行走姿势应该是轻快自由、有力协调、灵活有节奏的。

标准走姿基本动作要领：直立前行，双臂自然下垂，手自然弯曲，双臂前后交替摆幅 30°，保持头正、肩平、躯挺、腿直，脚尖不宜外开或者内扣，中速、步幅为一脚为佳，重心往斜上拔立。

（一）后退走姿

基本动作要领：常用于与人告别，退场等需要转身时，应自然向后退三步后，留头转身离去。后退行走时应注意速度放缓，步子减小，注意用余光关注周围人和物体，避免碰撞。手上动作根据现场实际情况有所不同，如图 4.2.19。

（二）前行转弯走姿

基本动作要领：常用于前行时，在外界环境的影响下，需要转弯时的行走姿势。要求转弯自然，以三步完成转弯动作为佳。给人以自然、平缓、不突兀的美感，如图 4.2.20。

图 4.2.19　后退走姿

图 4.2.20　前行转弯走姿

（三）走姿的禁忌

1）在走路的过程中不要低头看脚尖，会给人以心事重重、萎靡不振的感觉；同时也不安全。

2）日常走路中拖脚走会被理解为未老先衰，暮气沉沉，让人感觉没有精气神。

3）公共场合不要跳着走，易被误解为心浮气躁。

4）在平时走路过程中注意不要走“内八字”或“外八字”。

5）在走路过程中注意不要摇头晃脑，晃臂扭腰；左顾右盼，瞻前顾后；会被误解，特别是在公共场合会给自己招来麻烦。

6）行走时，身体大部分向前倾斜或左右摇晃，动作极其不美，有损健康。

（四）走姿的训练方法

1. 走直线

在日常训练中可以以一条直线为走路的标尺，但是在训练的过程中不要埋头看直线走路，这样达不到训练效果。长期坚持训练下去，可以纠正走姿。在跑道上或者是操场上练习时，可以沿心中想象的直线行走，双脚内侧沿着这条直线的外侧移动，这个技巧能帮助你发现一个较舒服的节奏，让人较容易进入状态。

2. 交叉步行

通过交叉步行的方式来训练走姿，即在直线走姿的基础上，可以利用这条直线，通过大腿来带动臀部，从臀部伸展到腿，迈出更大的步伐。脚跟步行，用脚跟走步，脚趾离开地面，使小腿和胫骨得到伸展，这个动作有助于提高脚撑离地面的力量，让步伐更加有力，让人看起来大方，有气质。走路时，注意不要过度挥动手臂。

五、鞠躬礼仪

鞠躬，即弯身行礼，是一种对他人表示敬佩的礼节方式。鞠躬仪式起源于中国，如今在日本、朝鲜、韩国和其他东方国家很流行。欧美国家很少使用。在日常生活中，它可以用来表达下级对上级或同龄人、学生对老师的真诚尊重。

案例分析

2020 年新冠肺炎疫情防控期间，有很多感人的瞬间被记录下来。2 月份，浙江一位 3 岁小男孩发烧住院，3 天后顺利出院，他向送行的护士长鞠躬致意，护士长惊讶之余立刻回敬了一个鞠躬礼。百年前同在浙江的英国医生梅滕，查房时看到小患者鞠躬，也拱手鞠躬回礼。这跨越世纪的呼应，体现了医者和患者的互相尊重，也体现了中华礼仪之邦的优良传统。

思考：鞠躬在此的含义是什么？

（一）深鞠躬

在做深鞠躬时要注意，要求弯腰幅度一定要达到 90° ，以示敬意，鞠一次即可，适用于极度感谢、抱歉、忏悔等情形。

（二）三鞠躬

三鞠躬意为三次弯身致敬，是最为尊敬的礼节，适用于追悼等特殊场合。

1）在鞠躬礼行礼之前应先脱帽，如有戴围巾要摘下围巾，身体肃立，目视受礼者。

2）男士标准站姿双手自然下垂，贴放于身体两侧裤线处；女士前搭式手势站姿双手下垂搭放在腹前。

3）以腰为轴，身体上部向前，下弯约 90° ，然后恢复原样，重复三次。

（三）社交、商务鞠躬礼

1）行礼前，标准站姿站好，保持身体端正。

2）面向受礼者，距离为两三步远。

3）以腰为轴，整个肩部向前倾 150° 以上同时问候“您好”“欢迎光临”等。

一般情况下，社交、商务场合的鞠躬礼有 15° 、30° 和 45° 三种。

① 15° 鞠躬礼。

15° 鞠躬礼适用于在日常的生活和工作环境之中，与同事之间、熟人之间打招呼。15° 鞠躬礼也适合用于在多人场合无法一一问候的时候。常用于乘务服务的迎客和送客阶段，是一种“颔首礼”，如图 4.2.21。

② 30° 鞠躬礼。

30° 鞠躬礼通常适用于在正式社交环境工作中的接待、服务，表示郑重、尊重，如图 4.2.22。

③ 45° 鞠躬礼。

45° 鞠躬礼适用于服务场合的致谢和道歉，态度诚恳、真诚，如图 4.2.23。

图 4.2.21　15° 鞠躬礼

图 4.2.22　30° 鞠躬礼

图 4.2.23　45° 鞠躬礼

（四）鞠躬礼的禁忌

1）只弯头的鞠躬。

2）不看对方的鞠躬。
3）在鞠躬时头部左右晃动地弯腰行礼。
4）双腿没有并齐的鞠躬。
5）在鞠躬的过程中挖耳挠腮。
6）背部伸不直的鞠躬。

（五）鞠躬礼训练方法

1）情景模拟。
2）顶书练习。
3）对镜练习。

任务3　手势礼仪

手势即手臂姿态，是人体最有表现力的一种“体态语言”。俗话说，“心有所思，手有所指”。手的魅力并不亚于眼睛。手势含义丰富，所表达的感情也是非常复杂微妙的，例如日常生活中的挥手告别、招手致意、拍手称赞、举手赞同、拱手致谢、摆手拒绝；用双手抚摸表达爱意，手搂着对方是亲、双手奉上是敬、双手遮住是害羞、用一根手指指人是怒。手势含义有很多，可通过手势发出信号，或者表达感情，在日常的工作生活中学会合理地运用手势来表达情感，会为我们在交际过程中的形象增光添彩。

教学目标

1. 知识目标

识记手势的分类、含义及动作要领，认识到手势礼仪的重要性。

2.能力目标

掌握手势礼仪的动作基本要领，并能正确地运用手势。

3. 素质目标

通过手势的练习，培养精益求精的工匠精神，深化高铁客运人员服务意识。

案例分析

公司开会点外卖，实习生小明指着领导问领导需要喝什么，领导当时脸色就不太好看。事后小明被人事部负责人单独约谈，教育了一番，才认识到今天在点餐的过程中因为手势使用不当，用手指指着领导，让人非常不适。

思考：① 在询问他人点餐时，应该用什么手势示意？
② 想一想生活工作中需要运用到的手势有哪些？

一、手势

（一）手势的分类

1. 情意手势

情意手势即表达动作者的表情，使其内涵丰富、寓意深刻的手势。例如鼓掌、挥伸大拇指等。

2. 象征手势

象征手势即表示某种抽象的信念，且他人可以理解的手势。如宣誓敬礼。

3. 形象手势

形象手势即在交往中模拟某种物体，给人一种具体形象的感觉的手势。例如表示“请给我一杯水”的举手示意。

4. 指示手势

指示手势即指示具体的某种行为和事情的手势。例如表示“请看屏幕提示”的手势示意。

手势礼仪

（二）常用的手势语

1. 横摆式

横摆式即用于表示“请”或者“请进”时，五指伸直并拢，大拇指贴于手掌自然伸直，手掌心微微向上，以肘关节为轴，呈 90°；手从腹前抬起向右摆动至身体右前方。同时，女生的站姿脚成右丁字步，男生双脚微微打开。头部与上身微向伸出手的一方侧倾斜，另外一只手下垂或背在身体背后，目视乘客，面带微笑示意，如图 4.3.1。

图 4.3.1　横摆式

2. 双臂横摆式

双臂横摆式在人数较多的场合使用，当举行大型活动或者邀请众多人物时，手势的动作幅度可以大一点，面对各位乘客时说“请”，两手从自身的腹前抬起，双手上下重叠，手心向上，同时向身体两侧摆动，摆至身体的侧前方，上身稍前倾，向大家致意，然后退到一侧。也可以双臂向一个方向摆动，即两手从身体两侧抬起，手心朝上，同时向一侧摆动，两手臂之间保持一定距离，如图 4.3.2。

图 4.3.2　双臂横摆式

3. 斜摆式

斜摆式即用于请宾入座的“请坐”手势，手势应摆向宾客就座的地方，手要先从身体一侧抬起，直至腰部后，再向下方摆去，使小臂、大臂成一条斜线，如图 4.3.3。

4. 直臂式

直臂式即需要给宾客指引方向或“请往前走”的手势，将右手从下往上抬至与右手肩膀同高度的位置，伸直手臂，右手臂指向来宾要去的方向。工作中一般男士使用得比较多。注意在做手势时指引的方向，不能用一根手指指出，显得不礼貌，如图 4.3.4。

图 4.3.3　斜摆式

图 4.3.4　直臂式

5. 招手式

招手式用于向远距离的人打招呼时，由下往上伸出右手，右手胳膊伸直高举，掌心朝着对方，轻轻摆动。不可向上级和长辈招手，如图 4.3.5。

图 4.3.5　招手式

6. 鼓掌手势

鼓掌手势即向宾客表示赞赏、祝贺、鼓励、欢迎等情感时。鼓励、祝贺可用鼓掌手势。两臂抬起，双手置于胸前，张开左掌，用合拢的右手四指（拇指除外）轻拍左掌中部，节奏要平稳，频率要一致。鼓掌时，姿态要端正，表情自然面带微笑。时间的长短要适宜，视具体情况而定，如图 4.3.6。

图 4.3.6　鼓掌手式

（三）手势的禁忌

1）禁止当众挠头摸脑、抠鼻孔、搓泥垢、掏耳朵、擦眼屎、修指甲，或抖动自己的腿脚。

2）禁止用自己的食指或者一根手指指向他人，或揪手指并发出声音，揉衣角，用手指在桌上乱画、笔在手中乱转。

3）禁止讲话时搓手、跺脚、比划。

4）禁止在介绍某人或为乘客指引方向时，用手指来指点，禁止掌心向下。

5）禁止在与人谈话时，手势过多，动作过大，甚至手舞足蹈。

二、握手礼仪

握手是人们日常生活工作中最常见的社交常用礼仪，不仅可以用在与他人见面告别时，更可以表达出自己的感情，例如“欢迎、友好、祝贺、感谢、尊重、致歉慰问、惜别”等多种复杂的情感。握手看似非常简单，但它是交流、沟通、增进人际交往的重要手段之一。

案例分析

在某公司的颁奖典礼上，小张荣获本季度最佳销售员工，公司老总亲自为他颁奖，在为小张颁奖时，小张既兴奋又激动，在台上一直握住公司老总的手不放，还拥抱拍打老总背部，激动的小张让台上的老总有些尴尬。

思考：① 为什么小张让台上的老总觉得尴尬？

② 在这样的场合应该使用什么握手礼仪？

（一）握手的顺序

在社交场合中，握手的顺序非常重要。一般来说，握手的顺序是：等女性、老年人、已婚人士和高层人士先伸手，然后再由男士、年轻人和未婚者伸手行握手礼，职位较低的人可以伸手去打招呼。一般情况下反应快的人更礼貌。此外，如果是在互相祝贺、安慰或理解的场合下，应该主动握住对方的双手。

（二）握手的种类

1. 标准握手礼仪

标准握手礼仪即在握手时，两个人的距离在正常步数的一步之远，在伸手的同时身体可配合伸手微微向前倾，伸出自己的右手，伸出的高度不宜过高或者过低；四指合并大拇指张开，握住对方的掌心，垂直于地面相握，上下摇动，保持时间约在 2 ~ 3 秒为宜（如图 4.3.7）。这种握手方式大多数是男士采用。

图 4.3.7　标准握手礼仪

2. 双握手礼仪

双握手礼仪即在标准握手礼的基础上，主动握手者用自己的右手握住对方的右手，再将自己的左手握住对方的右手背处。这种握手方式通常是表达一种热爱、真挚、尊重的感激之情。例如见到尊敬的老师或长辈，向他们深深地表示谢意和慰问，如图 4.3.8。

图 4.3.8　双握手礼仪

（三）握手的忌讳

1）握手时忌用左手，在握手的时候，必用右手握手。尤其是在与国外友人握手时应慎重，尽量不要使用左手。在右手不方便的情况下，实在需要用左手代替右手时，应该首先向对方说明使用左手握手的原因，并且表达自己的歉意。

2）与他人握手时，忌戴手套。

3）忌不专心，在握手时应专心致志，面带微笑看着对方，以表示自己的敬意，切忌左顾右盼、心不在焉，显得对被握手方不尊重。

4）在大型场合人多时，应当与每一个人握手，握手时间大概相等，不要过长。若在此过程当中，握手时间明显过长或没有和部分人握手，是极其不礼貌的，有失礼仪。

（四）训练方法

分组练习，每组 5～6 个人，每组设计一个空乘人员和乘客见面时的情景，进行模拟。要求把握好握手拥抱的时间和力度，鞠躬时上身保持站立时的标准，合十礼要主动、及时还礼，要尊重各国文化信仰等。

任务 4　综合礼仪练习

礼仪操是塑造优美的形态和仪态、规范礼仪动作的操。在日常工作生活中，一个人的外在气质和形象对给人留下的第一印象有着巨大的影响，而通过礼仪操的学习和体验，能够提升一个人的礼仪修养、外在形象气质和自我认知。通过礼仪操学习礼仪能提升自身素质，礼仪也是乘务人员行业发展的需要之一。

教学目标

1. 知识目标

识记礼仪操的动作及技巧。

2. 能力目标

能按照标准动作做出行业礼仪动作。

3. 素质目标

培养学生鉴赏美的能力，塑造形体仪态美，提升专业礼仪服务技能。

高铁客运人员礼仪操

第一节：着装整理 4/8

1）女（男）标准站姿，双手整理帽檐、头发，露出耳朵，整理衣领、纽扣、衣袖，还原。如图 4.4.1 和图 4.4.2。

图 4.4.1　着装整理（1/8）

图 4.4.2　着装整理（1/8）

2）向左转，头部转向正面，面带微笑。整理衣领、肩膀，同时背手整理衣后，还原。如图 4.4.3。

图 4.4.3　着装整理（2/8）

3）向右转，同样的动作重复一遍，还原。如图 4.4.4。

4）标准站姿，双手整理帽檐、头发，露出耳朵，整理衣领、纽扣、衣袖，还原。如图 4.4.5。

图 4.4.4　着装整理（3/8）

图 4.4.5　着装整理（4/8）

第二节：表情礼仪（微笑鞠躬礼）4/8

1）女生礼仪站姿，男士前搭式手势站姿，一度微笑，身体前倾 15°，起身还原。如图 4.4.6。

2）向左转，二度微笑，身体前倾 30°，起身还原。如图 4.4.7。

3）向右转，三度微笑，身体前倾 15°，起身还原。如图 4.4.8。

4）女生礼仪站姿，男士前搭式手势站姿，一度微笑，身体前倾 90°，起身还原。如图 4.4.9。

图 4.4.6　表情礼仪（1/8）

图 4.4.7　表情礼仪（2/8）

图 4.4.8　表情礼仪（3/8

图 4.4.9　表情礼仪（4/8）

第三节：行立转体 4/8

1）向前两步走，斜摆式手势。如图 4.4.10。

图 4.4.10　行立转体（1/8）

2）后退两步转体，斜摆式手势。如图 4.4.11。

图 4.4.11　行立转体（2/8）

3）向左转体，直臂式手势，还原。如图 4.4.12。

4）向右转体，曲臂式手势，还原。如图 4.4.13。

图 4.4.12　行立转体（3/8）

图 4.4.13　行立转体（4/8）

第四节：礼仪坐姿 4/8

（一）女士坐姿礼仪

1. 标准坐姿

向前走两步，走到凳子前方，站距离凳子 1 步之远，右脚后撤一步，抚裙坐下，坐下时女生坐凳子的三分之一，双脚与地面垂直 90°，双手叠放在双腿中间，腰背挺直，如图 4.4.14。

2. 开关式坐姿

坐正，女士双膝并紧，两小腿前后在一条直线上，双手和握置于两腿之间，如图 4.4.15。

图 4.4.14　礼仪坐姿（1/8）

图 4.4.15　礼仪坐姿（2/8）

3. 左侧挂式坐姿

右脚从里挂于左脚脚踝处双膝并拢，脚背下压显长，双手合握，置于两腿间，如图 4.4.16。

4. 左侧点式坐姿

两小腿依次向左侧斜出，右转 45°，双膝并拢，右脚掌贴于左脚脚心处小腿和脚背充分伸直双手合握，置于两腿间，如图 4.4.17。

图 4.4.16　礼仪坐姿（3/8）

图 4.4.17　礼仪坐姿（4/8）

（二）男士坐姿礼仪

1. 标准坐姿

向前走两步，走到凳子前方，站距离凳子 1 步之远，右脚后撤一步，坐下双脚与地面垂直 90°，双手各自放在腿部，腰背挺直，如图 4.4.18。

图 4.4.18　标准坐姿（1/8）

2. 后点式坐姿

在标准坐姿基础上，右脚向后撤一脚，脚掌着地，小臂放松手贴于大腿，如图4.4.19。

3. 前伸式坐姿

在标准坐姿基础上，双腿前伸，双脚在脚踝处交叉，如图 4.4.20。

图 4.4.19　后点式坐姿（2/8）

图 4.4.20　前伸式坐姿（3/8）

4. 后点式坐姿

在标准坐姿基础上，右脚向后撤一脚，脚掌着地，小臂放松手贴于大腿，如图4.4.21。

图 4.4.21　后点式坐姿（4/8）

第五节：蹲姿递接 4/8

（一）女士蹲姿礼仪

1）右脚高低式蹲姿，抚裙蹲下，双手拾起地面物品，起立，双手向前递出。如图 4.4.22。

图 4.4.22　蹲姿递接（1/8）

2）左脚高低式蹲姿，抚裙蹲下，双手拾起地面物品，起立，双手向前递出。如图 4.4.23。

图 4.4.23　蹲姿递接（2/8）

3）女士右脚交叉式蹲姿，双手抚裙蹲下，保持 2 秒，起身还原，如图 4.4.24。

4）女士左脚交叉式蹲姿，双手抚裙蹲下，保持 2 秒，起身还原，如图 4.4.25。

图 4.4.24　蹲姿递接（3/8）

图 4.4.25　蹲姿递接（4/8）

（二）男士蹲姿礼仪

1）右脚高低式蹲姿，双手拾起地面物品，起立，双手向前递出。如图 4.4.26。

图 4.4.26　蹲姿礼仪（1/8）

2）左脚高低式蹲姿，双手拾起地面物品，起立，双手向前递出。如图 4.4.27。

图 4.4.27　蹲姿礼仪（2/8）

3）右脚高低式蹲姿，保持 2 秒，起身还原。如图 4.4.28。

图 4.4.28　蹲姿礼仪（3/8）

4）左脚高低式蹲姿，保持 2 秒，起身还原。如图 4.4.29。

图 4.4.29　蹲姿礼仪（4/8）

第六节：致意礼仪 4/8

1）向前一步走，15° 鞠躬礼，点头致意，还原。如图 4.4.30。

图 4.4.30　致意礼仪（1/8）

2）向后退一步，15° 鞠躬礼，点头致意。如图 4.4.31。

图 4.4.31　致意礼仪（2/8）

3）向左转，15° 鞠躬礼，招手致意，还原。如图 4.4.32。

图 4.4.32　致意礼仪（3/8）

4）向左转，15° 鞠躬礼，招手致意，还原。如图 4.4.33。

图 4.4.33　致意礼仪（4/8）

项目训练

参考：宁波中职基础礼仪操

音乐参考：歌曲《A Little Story》演唱者：Valentin

实训项目	高铁客运员仪态塑造
实训目的	训练高铁客运人员形态姿态
实训内容	由教师组织，学生按照综合水平合理分组，每组人员6~8名，进行体态礼仪训练： 1）表情礼仪训练。 2）体态礼仪训练。 3）手势礼仪训练。 4）合礼仪训练。
实训考核	1）每组上传本组训练视频。 2）各组展示。 3）小组学生互评。 4）教师结合视频和展示结果给予点评与打分。

项目五　高铁客运服务礼仪

任务 1　高铁服务礼仪

高速铁路客运服务礼仪是高速铁路客运人员在服务工作过程中对旅客表示内心敬意和礼貌的仪式，是在服务工作期间形成的被大家认可的仪式、礼貌和礼节，是客运人员在旅客运输服务工作中必须遵循的服务规范和行为准则。合理运用高铁客运服务礼仪，文明礼貌地对待旅客是做好客运服务工作的前提条件。塑造高铁客运服务礼仪，不单是客运人员工作的需要，还是客运人员文化和道德修养的最直接体现。

教学目标

1. 知识目标

了解高铁客运人员应树立的服务意识及服务理念。

2. 能力目标

能够掌握服务形象的要求，并根据要求塑造高铁客运服务人员在工作场景的职业形象。

3. 素质目标

通过服务意识、服务形象及服务理念的学习，树立高铁客运服务意识和服务理念。

案例分析

为什么选择高铁出行？

又是假日好时节。人们旅游出行选择高铁是因为高铁方便快捷、车厢干净舒适并且安全性高。

列车上安保员逐节检查车厢，全力确保旅客行李物品安全。同时会向重点旅客讲解安全乘车注意事项。客运工作者会为重点旅客送上一杯暖心的热水，帮助小旅客添加衣物，帮助宝妈兑好奶粉，并询问宝妈是否需要其他帮助，协助重点旅客做好上下车工作。这就是“心”级服务。另外，客运还为乘客提供美好的用餐体验，有丰富多样的餐食可供选择，并能根据旅客订餐需求，为旅客按时送餐。

选择高铁让旅客的出行体验更加美好。

思考：从以上案例中，可以反映高铁服务礼仪哪些特点？

一、服务意识

服务意识是企业人员或企业间来往过程中所体现出来的、发自员工内心的积极、热情、主动、周到、自主性的服务的欲望和观念。

（一）重视服务意识

铁路系统的每一名员工都应该提升自己的服务意识，特别是乘务员、客运员等一线工作服务人员。首先得让员工排除“服务业是伺候人的行业”的这一陈旧观念，树立“用服务文化提升企业市场竞争力”的全新观念；其次得让员工意识到服务业需要用心，员工是否全身心投入工作会直接影响到服务工作质量的好坏。“服务就是企业的发展，服务就是企业的效益，服务就是企业的竞争力。”客运人员的敬业精神和有礼有节的态度可以获得旅客的高度评价，从而提高铁路企业的形象。

高铁客运工作十分强调员工的服务意识，客运人员不仅要推己及人地为旅客着想，还要把旅客当作合伙人，当作实现共同事业目标的伙伴。缺少服务意识，服务工作就会滞后，铁路企业也会难以发展，甚至不能生存。因此，铁路领导和职工必须高度重视员工服务意识的提高。

（二）培养服务意识

培养服务意识，就要树立及时解决旅客问题的意识，就要树立专门、超常服务，按规范化服务程序解决旅客提出问题的意识，就要树立遇到特殊情况，满足旅客特殊需求的意识，就要树立防止发生不该发生的事情的意识。能为旅客着想，才是真正优秀的铁路员工。从事高铁客运服务工作，必须重视服务意识。每一名员工都必须提高服务品质和服务质量。

（三）服务无小事

在日常生活和工作中，大家对于一些看似无关紧要的问题往往持无所谓的态度。也许旅客根本不在乎有些小事，甚至旅客自己都没有认识到某些需要。但如果客运人员能够及时洞察到这些问题并让旅客需要得到满足，这不仅仅能给旅客带来意外的惊喜，使旅客满意，更能实现企业的盈利和员工的发展期望。故在客运服务工作中应以“小题大做”的态度和做法对待旅客身边的每一件小事。

二、服务形象

（一）外表形象

客运人员不留长指甲、涂有色指甲油，不能佩戴首饰，不能披头散发，以保持良好的外表形象。

（二）仪容仪表

高铁客运工作者，要时刻注意自身的形象。按规定着统一制服，整个客运班组都要时刻注意着装的统一性，以贴合地方经济特色最佳。如乘务员仪容仪表规范如图5.1.1 所示。

图 5.1.1　女乘务员仪容仪表规范

三、服务理念

高铁客运人员生产和销售的都是服务，并且是各种优质服务。因此，必须在强调服务意识的前提下，创新服务理念。创新不单单是站、车等设备设施的更新换代，同时更需要高铁服务理念的革新。服务标准和规范效仿民航，可深化以下七点服务理念。

（一）“旅客永远是对的”

给旅客提供高品质服务，使旅客满意是服务理念的首要要求。这要求铁路职工设身处地地站在旅客的视角去考虑一切问题，从而予以旅客最大的尊敬和重视，并竭尽全力地满足旅客的需求。树立“旅客是对的”这一服务理念，一切服务工作以旅客为中心来执行，用旅客满意的办法解决全部问题。

（二）专业能力

高铁客运人员务必要具备与工作岗位相匹配的专业知识和技能，熟练掌握业务知识，还要时刻准备为旅客提供高品质服务。

（三）注重礼仪

高铁客运人员为旅客提供服务时，态度要不卑不亢，又要热情礼貌。牢记自己是高速铁路的形象代表，不能持不在乎和无所谓的态度。

（四）给予信心

当我们的服务让旅客感到满意时，旅客才会认可和赞赏我们，并对我们产生信心，由此更愿意接纳我们的服务。只有这样，旅客才会优先选择高铁出行，甚至介绍给亲朋好友。

（五）善于沟通

为很好地了解旅客真实的需求，我们应该适当地与旅客进行真诚的沟通，倾听旅客的真实想法，为旅客解决切身问题。遇到旅客发牢骚时，要语气婉转、平心静气地跟旅客解释。处理旅客的抱怨尽量不要拖延时间，要让旅客看到你在努力解决问题，从而平息旅客的激动情绪。想旅客所想，急旅客所急。尤其是在面对老人、小孩、聋哑及智障等特殊旅客时，更要耐心地倾听，弄清他们想要了解的问题。另外，向旅客致歉时要真诚、绝不口是心非，应发自内心、设身处地为旅客着想。

（六）互相配合

客运人员进行服务时，旅客往往也会加入，而且还会提出他们宝贵的建议和意见，因此客运人员要与旅客密切配合。同时，相关部门及同事之间也需要相互配合、团结合作。

（七）一诺千金

一旦对旅客做出承诺，就必须要履行，而且履行要有效率，要让旅客感到满意。否则，就会影响列车的信誉与良好口碑。

任务 2　高铁服务语言礼仪

高铁客运服务语言应遵循使用普通话和文明礼貌用语的原则，坚持服务态度热情、表述准确明了。在服务时应尊重旅客，礼貌热情。讲话时音量应适中，用语得体、简洁明了，根据服务对象和场合的不同，灵活运用恰当的称呼。

教学目标

1. 知识目标

了解高速铁路客运服务语言的基本要求，识记高速铁路客运服务规范用语。

2. 能力目标

能根据高铁客运服务礼仪的要求，主动规范自己的服务用语。

3. 素质目标

通过服务语言的规范，践行高速铁路客运服务意识和服务理念。

案例分析

乘务员的广播素养从来都不是与“声”俱来的。在成为一名合格的高铁乘务员之前，必须经过严格的广播培训，考核合格后才能获得上岗证。为了更好地完成播音任务，每次出乘前，乘务员都会进行播音学习和训练。

播音时，需牢牢记住“挺软腭、提颧肌、松下巴、开牙关”的口诀，语速适中，口齿清楚，声音富有亲和力。出乘前禁止食用有异味或辛辣的食品，广播前必须保持湿润的口腔，以更好地播音。

俗话说“一天不练播音慢，两天不练功减半”。为了保持最好的播音状态，乘务员需每天自主练习播音，努力将极富亲和力声音带给每一位旅客，让旅客获得听觉上的完美体验。

列车运行中的广播

思考：① 服务语言特点是什么？

② 要训练良好的服务语言，需要什么技巧？

一、服务语言的类别及训练技巧

（一）规范用语

1. 常规用语

1）服务十字用语。

您好、请、对不起、谢谢、再见。

2）时效性用语。

早上好、早安、上午好、中午好、午安、下午好、晚安。

3）身份特征。

女士、男士、旅客、旅客、老人家、小朋友。

2. 迎送用语

1）欢迎用语。

欢迎用语又称迎送语。常用的有“欢迎乘车”“感谢乘车”“见到您很高兴”。

2）送客用语。

送客用语又称送别语。常用的有“下次再会”“感谢选乘”“祝您一路顺风”。

（二）服务语言的训练技巧

1. 语调

语调缓和，发音适中，情绪不用过于饱满。起伏不宜过快。做到声音纯正、饱满、圆润，并富有弹性。与人多交谈时，声音力度较强。

2. 语气

语气，指说话的含义。客运人员与旅客交谈时，语气应友好、亲切、热情、耐心。

3. 亲和力强

形之于声，受之于众，声音让人觉得亲切、规范。

二、高铁服务语言的分类

（一）感谢用语

1. 标准式感谢用语

通常需要包含对人的称谓，比如在说“谢谢”之前加上“王先生/王女士”，这样准确称谓更能体现尊重。

2. 加强式感谢用语

强化感谢用语，加强式感谢，要运用得当。比如：“多谢您的关注”“很感谢您的理解”“非常感谢您的指导”“十分感谢您的配合”“万分感谢您的支持”等。

3. 具体式感谢用语

具体式感谢用语，一般是因为某人对自己做了某一具体事情而向他人致谢。在表示感谢时，致谢的原因通常一并提及。比如："有劳您抬一下脚""麻烦您让一下""列车停水给您添了不少麻烦"等。

（二）请托用语

1. 标准式请托用语

标准式请托用语即在服务语言前加一个"请"字，再提出具体要求，如："请稍等""请让一下"等。

2. 求助式请托用语

客运服务中经常用到的求助式请托用语有："对不起，打扰一下""拜托大家配合我们的工作""劳烦抬一下脚"等。

3. 组合请托用语

标准式请托用语是与求助式请托用语混在一起的组合式用语。如："请您帮我一个忙可以吗？""劳驾您让一让"等。

（三）征询用语

服务过程中经常使用到征询用语，主要有："您好，请问您需要我的帮助吗？""您有什么事情需要帮忙吗？""我能为您做点什么吗？""您要不要来一杯果汁呢？"主动关心别人，热情、礼貌、得体。

（四）应答用语

1. 肯定式应答

用于答复旅客的请求，一般不允许客运人员对旅客说"不"，更不允许置之不理。肯定式应答主要有："很高兴为您提供服务""随时准备为您效劳"等。

2. 谦恭式应答

当旅客对服务表示满意或提出表扬时，说："请多多指教""为您服务是我的幸运""不必客气""不用谢，这是我应该做的"等。

3. 谅解式应答用语

当旅客因故向客运工作人员道歉时，需表示谅解。如："不要紧的""没关系""我不介意"等。

（五）赞赏用语

1. 评价式赞赏用语

评价式赞赏用语即在合适的机会予以评价。如"太好了""太棒了""非常出色""真不错""对极了"等。

2. 认可式评价用语

当旅客发表自己的意见后，往往需要我们客运人员对其进行评价，一般做出认可和赞赏。如："果然还是您懂行啊""还真是您说的那么回事呢"等。

3. 回应式赞赏用语

旅客夸奖客运人员之后，由客运人员本人作出回应。如："承蒙夸奖，不敢当""感谢您对我工作的肯定""谢谢，我还需继续努力"等。

三、不宜出现的语言

1. 语气词不正确

语气词不正确是指客运人员与旅客交谈时，语气不耐烦、焦急、暴躁。如："抓紧时间，快点啊！""您快点，我还有别的事等着做呢！""走不走？""你上不上？"等。

2. 声音生硬

声音生硬是指客运人员与旅客交谈时，语气上显得不够柔和、很勉强。如："着什么急啊？""喊什么喊呢？""等着！""你们家的东西，你这样吗？"等。

3. 语言无温度

语言无温度是指客运人员与旅客交谈时，语言平淡沉闷，使用过多的专业术语；随意打断旅客讲话；表现出不耐烦的神情；边走路边交谈或不断地看自己的手表等。

任务 3　高铁客运站服务礼仪

候车厅是车站的颜面，是旅客对车站服务产生第一印象的地方。整洁干净、明亮宽敞的候车厅会让旅客心情愉悦，也会受到旅客的信赖和赞赏。因此，做好候车厅的服务工作，不仅能体现出车站的整体服务水平，而且还能体现出城市文明。同时，文明礼貌的服务礼仪也能影响旅客的言行举止。

教学目标

1. 知识目标

了解高速铁路客运站服务礼仪的要求，识记每个岗位的服务礼仪规范。

2. 能力目标

能根据高铁车站服务礼仪要求，在高铁客运工作中灵活运用服务礼仪。

3. 素质目标

通过规范各岗位的服务礼仪，提升服务技能和专业素养。

案例分析

电梯能向下开吗？

旅客反映在某某站出站时，因携带两个大的箱子，搬下楼梯很不方便，于是问客运人员："能否将二楼的电梯向下开到一楼？"可是该客运服务人员却回答："不能，我们有相关规定，我也无能为力。"旅客听到后，不得不将大箱子从楼梯上搬下一楼，该客运服务人员笑着看着他。

思考：① 该客运人员的回答有哪些不当之处？应如何向旅客做好解释工作？

② 除了语言，该客运人员还有哪些做法欠妥？

一、售票处服务礼仪规范

售票处是车站工作的重点部门。一张小小的车票是旅客与铁路的情感纽带，渗透着旅客对铁路的信任。当旅客前往售票厅，舒适的环境、敞亮的大厅、先进的设施、明亮的售票窗口，能让旅客眼前一亮。若售票员热忱温情地问候旅客，快速精准地售票，就一定能给旅客留下美妙的首轮印象。售票窗口是车站服务的第一线。售票员必须不断提高服务礼仪规范和售票技能，才能为旅客提供更优质的服务。虽然售票员与旅客之间只有简短的问答和动作，但也要讲究售票的艺术和服务礼仪准则，准则有以下 5 条：

1）售票员必须佩戴工号牌或职务标志牌，做到仪容端庄、仪表整洁。

2）售票员工作时应保持思想集中、精神饱满，严禁与同事闲谈。

3）售票员售票时，应面带微笑、态度和蔼、主动热情。

4）旅客购票时，最后应与旅客确认信息，做到购票准确无误。

5）售票员应做到业务熟练、工作有序、讲求效率。

因为旅客来自五湖四海，大家有着迥异的文化背景、脾气性格和出行目的，这就给售票服务工作增加了一定难度。有的车站根据售票窗口工作流程，形成了"两声三语"的服务语言规范，即"做到开头服务有问候之声，结束服务有道别之声，说好开头语，使用标准语，坚持结束语"。每个车站都应该总结经验和规律，让车票又好又快地送达旅客手中。如果售票员能做到服务热情、细致周到，就可以消除旅客的不良情绪和陌生感，得到旅客对售票工作的支持与配合。

二、安全检查服务礼仪规范

（一）仪容端庄整洁

按规定着统一制服，帽徽、胸章、肩章等佩戴齐全，制服整洁，纽扣、丝巾、领带等穿戴整齐；符合铁路旅客运输服务质量与规范的相关规定和要求，男乘务员佩戴胸章规范如图 5.3.1 所示。

图 5.3.1　男乘务员佩戴胸章规范

（二）举止彬彬有礼

执行安全检查前，安检员应主动说“旅客您好，感谢您的支持与配合”，并帮助旅客把行李包置于安全检测仪上；检查完毕，应向旅客表达谢意说“感谢配合，祝您一路平安”。如果遇到安检的旅客非常多的情况，应协助旅客进行安全检查，并委婉地提醒旅客加快安检的速度，并且提醒下一位接受安检的旅客提前做好准备，避免出现拥堵现象。

（三）合规检查违禁品

如果发现违禁物品，应向该旅客指出哪些属于违禁品的范畴，并且告知旅客违禁品严禁带进车站和车厢。同时应尽量避开其他旅客，把包拿到一旁进行单独检查，以免使该旅客感到窘迫和狼狈。

（四）学会使用“对不起”

因为安检工作给旅客带来了不便和麻烦，尽管有的工作是按照铁路规章制度执行的，也应主动向旅客道歉，并对旅客的配合表示感谢。

（五）礼貌宣传安全检查知识

在宣扬安全检查知识时，应做到态度友好、语气平和，并多使用“请”“谢谢”“对不起”等礼貌服务用语。不能蛮横粗野，更不能大喊大叫，这样做很容易失去旅客的信任，接下来的检查工作也会十分棘手。

三、候车厅服务规范

候车厅服务礼仪规范

（一）仪容端庄整洁

上岗前，整理仪容仪表，统一着装，做到仪容端庄、仪表整洁，符合铁路旅客运输服务质量规范的相关要求。

（二）热情回答旅客问询

遇到有问题的旅客，应及时停下脚步，主动上前询问：“女士（先生），您有什么需要我帮忙的吗？”态度和语气上应表现出真诚和关切。

（三）提供准确指引服务

当旅客找不到路时，应结合恰当的手势详细地告诉旅客怎么走，如果岗位上有多的服务人员，也可以带领旅客到达想去的地方。如果遇到自己不知道的问题，千万不要不懂装懂，也不能敷衍应付，更不能信口开河，应该向旅客表达歉意：“对不起，女士（先生），我也不太知晓您要去的这个地方，不过您可以到问讯处去问问，那里的同事可以帮您查询地图，您觉得这样行吗？”征得旅客同意后，立刻带该旅客到问讯处去咨询，或叮嘱旅客问讯处怎么走。

（四）主动出击，积极服务

始终在旅客的身边准备随时服务，不要等到旅客亲自来找我们。

四、问讯引导服务礼仪规范

（一）仪容端庄整洁

上岗前，问讯处工作人员应整理好仪表仪容，做到仪表整洁、仪容端庄。

（二）仪态端正优雅

工作中，保持站立的姿势进行服务，站姿要端正、面带微笑、精神饱满、思想集中。

（三）热情回答旅客问询

能热情地接待每一位旅客的问询，做到简洁明了、用词准确、有问必答。工作人员应详细了解列车时刻、候车厅布局等相关信息，能熟练准确地回答旅客的问询；不能说“也许”“好像”“大概”这些含糊不清的话语。

（四）言行有礼

举止彬彬有礼，让旅客有被尊重的感觉，用语也要使旅客感到和蔼可亲。目光应注视旅客，不能东张西望。如果面对女性旅客，男性工作人员的目光不要停留过长时间，不然会令人感到尴尬。

五、客运值班室服务礼仪规范

（一）仪容端庄整洁

上岗前，客运值班室工作人员应整理仪表仪容，统一着装，做到仪表整洁、仪容端庄。

（二）仪表端正优雅

接待旅客须面带微笑、思想集中、精神饱满，随时注意形象，站坐走等仪态要得体大方。

（三）热情回答旅客问询

遇有旅客前来问询时，应起立或上前，亲切地问候，或请旅客坐下详询。对旅客使用普通话或英语进行交谈。且对待旅客的问询，答复须全面详细并准确，做到简洁明了、用词贴切、口齿清晰、百问不厌，使旅客满意。

（四）耐心处理旅客投诉

迎接旅客投诉时，要做到热心接待、耐心倾听、理性分析。即便投诉的旅客心情激动、火冒三丈，甚至蛮横无理，值班室工作人员也不能被旅客的情绪感染。反之，要沉心静气地一步步引导旅客，充分领会投诉旅客的心境，竭尽全力帮助投诉旅客处理好问题。

六、验票服务礼仪规范

（一）仪容端庄整洁

上岗前，验票员应整理好仪表仪容，统一着装，做到仪表整洁、仪容端庄。

（二）掌握好验票时间

一般情况下，提前 15 分钟检票，始发车通常提前 20 分钟验票。

（三）掌握候车和检票地点、列车停靠站台、到站时间等信息

及时通报旅客列车停靠站台、到站时间，这些都是旅客重点关注的问题。

（四）前期组织好验票

验票的关键在于保持候车室的验票秩序，验票员要保持镇定，不惊慌失措，应提前做好验票准备，避免验票时出现差错。

（五）运用得体的验票方法

1. 纸质客票验票方法

客运人员应站在检票口内，提醒持户口本、驾照、护照、纸质临时身份证旅客在人工检票口排队，并协助旅客顺利进站。检票时，一只手拿着票剪，另一只手接过票，看清楚票面信息，如时间、车次、到站等信息，然后通报到站站名和人数，并同时下剪，即“一看、二唱、三下剪”。验票时应做到动作利落干脆、精明干练、训练有素、有条不紊。检票后，应把车票递送到旅客的手里。

2. 电子客票验票方法

客运人员应站在检票口内，提醒使用二代身份证的旅客排队有序进站，并疏导旅客顺利进站。如果等待验票的旅客较多，应加快验票速度。

（六）用语得体

在验票过程中面对旅客应面带微笑，语气平和，吐字清楚，态度和蔼。验票完毕后，可以说："祝您旅途愉快，一路平安！"

（七）发现有个别旅客扰乱验票秩序时

这时，争吵推搡或者大声呼喊的旅客会引起其他旅客的不满与反感。验票员应和悦地劝阻旅客："对不起，这位先生（女士），请您按地面标识排队等候检票。"

（八）遇到没有票又想上车的旅客

验票员应语气坚定、严肃地说："不好意思，这位女士（先生），请出示您的车票！"或者说："对不起，女士（先生），没有票不能上车，您必须凭票上车。"

（九）发现非本次列车的旅客前来验票

验票员可以亲切地对该旅客说："非常抱歉，女士（先生），您乘坐的不是这趟列车。"或者说："对不起，女士（先生），您的车票是××次列车，而现在检票的是××次列车，请您到指定候车室等候验票。"验票员必须重视验票中的语言运用。

（十）因车站的失误给旅客带来麻烦或者旅客对车站产生不满时

应从全局考虑问题，及时主动地向旅客真诚致歉，并竭尽全力为旅客解决麻烦，让旅客满意。

（十一）在处理问题时

在有其他旅客在场的公众场合，尽量不要让有抱怨的旅客说出车站工作的缺陷和不足，可以请他到车站值班室，亲切友好、极富耐心地与他交谈。

（十二）遇特殊旅客的情况

如遇老人、残障人士、孕妇及带小孩的旅客，可优先检票。

任务 4　高铁列车服务礼仪

高铁，又称高速火车、高速列车，指能以较高速度运行的火车，最高时速达 200 千米以上。高铁属于现代化的高速度出行工具，是火车顶尖科技的体现，可以大幅度提高列车行驶速度，进而提高运输的效率。高铁舒适快捷、安全平稳、环保节能，深受现代人的喜爱，目前世界绝大多数国家都大力支持使用新型高铁来满足人们日益增长的出行需要。

教学目标

1. 知识目标

识记高速铁路列车服务礼仪的要求及服务规范。

2. 能力目标

能根据高铁列车服务礼仪要求，将服务礼仪灵活运用于列车服务中。

3. 素质目标

通过列车服务礼仪的学习，树立高铁列车优质服务理念，提升列车服务技能。

案例分析

上海高姐

2011年6月15日，上海客运段几十位京沪高铁乘务员在虹桥站内集体亮相。

上海客运段在京沪高铁担当28对乘务任务。选拔高姐的标准是年龄20岁左右，身高1.65m，大专及以上学历，普通话二甲或英语三级以上水平。最终将近400人从3 000多名应聘人员中胜出，并顺利进入预备乘务员团队。

从2010年11月起，上海客运段共组织5个批次的上岗前培训，该培训也分五个级别，分别是一级禁闭式培训、二级模拟培训、三级专项培训、四级师带徒培训、五级实战培训，当5个级别培训完成，培训才算结束。

截至2011年5月底，上海客运段选出270名培训学员，同时又在现有动车和沪杭、沪宁高铁中选拔出100多名资深高姐。

就这样，京沪高铁乘务员由313名乘务员及90名列车长组建完成。

思考：为什么上海高姐要求这么高？

一、仪容仪表

仪容仪表是铁路员工的文化、道德修养的外在表现，是审美情趣和企业文化的直观反映。仪容仪表应遵循大方整洁、着装统一、气质典雅、精神充沛的原则。仪容主要包括列车乘务人员的容貌、仪表、举止和姿态等。列车乘务人员和旅客日常交往时，仪容仪表直接呈现在旅客眼前，良好的仪容仪表能引起旅客的高度关注，让旅客对铁路有个良好的整体印象。

列车乘务人员着装须整洁大方得体，举止应恰如其分，这样不仅能给旅客留下良好的印象，还能赢得旅客的信任，提高人际交往的能力。反之，如果列车乘务人员有不当着装、不雅举止的行为，不仅仅会降低身份，还会损害铁路的形象。因此，仪容仪表既要讲究色彩和谐，也要注重身份、场合及地点。同时，仪容仪表又是铁路形象和文化的体现。

（一）仪容仪表的要求

乘务员在值乘时，应按规定着统一制服，帽徽、胸章、肩章等佩戴齐全，制服整洁，纽扣、丝巾、领带等穿戴整齐；胸章必须佩戴在左胸上方靠近心脏的位置。列车长及列车员值乘时必须佩戴帽子，暑期及另有规定的除外。大檐帽必须佩戴端正，帽徽对着鼻梁的正上方（如图 5.4.1）；若佩戴贝雷帽应适当倾斜，帽徽在左眉的上方。

图 5.4.1　男乘务员仪容仪表规范

（二）仪容仪表的禁忌

铁路职工发型要求整齐、大方、美观。男士要求前不遮额、侧不覆耳、后不到领；女士不烫发染发，长发必须盘起。女乘务员应该化职业妆上岗，不得浓妆艳抹，还需要及时补妆；男乘务员要坚持每天剃须，不能有胡须。值乘时，女乘务员禁止佩戴任何饰品，如果佩戴手表、发卡等，必须要与发型、面容相协调；指甲不能过长，不能涂彩色指甲油；保持手部清洁、鞋面整洁，不能裸脚穿鞋，也不穿钉鞋或响声很大的鞋。在值乘时乘务员严禁挽卷袖子和裤脚，不能敞胸露怀；严禁挠痒、掏耳朵、抠鼻子、剔牙；严禁当众大声喧哗说笑、打闹。乘务员在值乘四小时前和值乘中都严禁吃榴莲、葱、蒜等有异味或味道很大的东西。

二、仪态

（一）站姿

1.站姿要领

站姿应该遵循面带微笑、面向旅客、精神饱满的原则。

2.高铁列车服务站姿

女性乘务员迎宾或立岗时，双脚呈“丁字步”站姿，两手四指并拢、自然交叉，右手拇贴于左手掌内，右手压在左手上，如图 5.4.2。当服务旅客时，乘务员客运根据工作的需要，适当地变化自己的站姿。

（1）列车停站时为旅客服务的站姿

当高铁客运人员接待旅客时，可采用以下站姿。

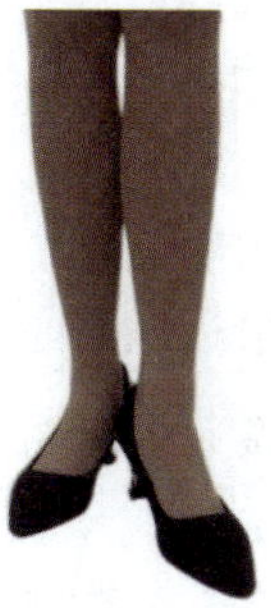

图 5.4.2　女乘务员“丁字步”站姿

1）头部微侧向旅客，保持微笑。

2）身体微鞠躬，保持站姿。

3）持物时，注意物品与旅客之间的距离，避免磕碰旅客。

（2）列车运行中为旅客服务的站姿

高铁客运人员在列车运行中，应采用安稳又富有美感的站姿，具体要求如下：

1）避免踩到或者撞到旅客，要与旅客保持适当距离。

2）双脚之间可适当张开一定距离，以保证安全。

3）双腿伸直，并稍向后挺，以确保站姿的安稳。

（3）站姿运用的情境

1）车门口立岗。

2）始发介绍，终到站通报。

3）通报站名。

4）一分钟汇报。

（二）敬礼

敬礼时，敬礼的人要注视受礼的人，右手迅速抬起，手心须向下，略微偏外 20°，举起右上臂，并与肩膀成一条线，四指并拢伸直，拇指弯曲一个关节紧贴手掌，中指距帽檐约 2 cm，如图 5.4.3。

图 5.4.3　敬礼规范

在值乘时采用敬礼的情况有：

1）遇上级领导检阅工作时，须向领导敬礼。敬礼时要动作迅速有力量。

2)列车终到前进站或出站以及始发后时,乘务员须敬礼。

3）向上级领导汇报工作事宜时，必须向领导敬礼。

（三）行姿

1. 行姿要领

行姿应该遵循精神饱满、脚步平稳、轻盈自然、端庄大方的原则。如图 5.4.4。行姿须注意以下几个要点：

1）挺胸，收腹，沉肩。

2）双手在体侧自然前后摆动，身体的重心略微向前倾一些。

3）抬腿要低，落步要轻，双肩自然放松，表现出饱满的精神和朝气。

图 5.4.4　行姿规范

2. 高铁列车服务行姿

1）为旅客引领座位时，可以走在旅客前方 1.5 米处，并注意旅客有没有跟上脚步。

2）在抵达座位或铺位时，应转身面向旅客，用手指示座位或铺位的位置，略微鞠躬请旅客入座，另一只手自然放在体侧。

3）走路遇迎面旅客时，应侧身礼让。

4）当因为工作需要必须超越旅客时，要向旅客表达歉意并致谢。

5）送餐时，手握餐车或手持托盘时，注意行姿要稳，避免饮料洒出及食品掉落等。

（四）蹲姿

1. 蹲姿要领

蹲姿应该遵循单膝弯曲、动作缓慢、优雅大方的原则。

2. 高铁列车服务蹲姿

乘务人员在工作中需要运用蹲姿时，上半身可以略微向前倾，单腿向后退半步，弯下膝盖下蹲，蹲下的动作不宜太快太猛。

三、列车员服务礼仪

（一）出乘准备

按时到达相应地点列队和点名，对仪容仪表进行整理，接受列车长的命令，列车在进站前跟随列车长一起列队，并在站台上接车。

（二）始发站准备

检查列车保洁和整备质量，对车容进行整理，并向列车长汇报列车保洁、整备及车容的检查情况。

（三）始发站出场作业

在指定车厢门边处立岗，运用 15° 鞠躬礼向旅客问好“旅客您好，欢迎乘车”，指引重点旅客坐到自己的位置上，指导旅客将行李放置妥当。

（四）始发站开车后作业

对车容进行整理，在车厢进行巡视，逐节车厢检查行李的摆放情况，确认行李及物品摆放安全和车厢的通道顺畅；查验旅客的车票，核对席位；耐心解答旅客问询。

（五）途中作业

巡视车厢，回答旅客问询，检查设施设备，协助卫生保洁，补充消耗品。

列车运行中的旅行服务

（六）途中停站作业

列车到站前列车员需清扫车厢，并通报旅客提前携带好行李，做好下车准备。列车到达车站后，到车门处立岗，运用 30° 鞠躬礼与旅客道别，协助重点旅客下车。

（七）终到作业

列车员应帮助乘服人员清扫卫生、整理车容及备品。终到提醒，车门立岗，运用 30° 鞠躬礼与送别旅客，协助重点旅客下车。

（八）退乘作业

做好备品清点交接，参加退乘会，倾听当趟乘务工作总结，列队退乘。

四、餐服员服务礼仪

（一）出乘准备

确保商品无误，对仪容仪表进行整理后，到达响应的地点开始列队和点名，接受列车长命令，确认担当餐服情况。

（二）始发站准备

整理餐车，做到摆放整齐、美观、分类放置。检查餐车内各设施设备。

（三）始发站出场作业

吧台立岗，站姿规范，运用 15° 鞠躬礼对经过的旅客问好“旅客您好，欢迎乘车”，检查餐车侧门、后厨边门。

（四）途中作业

销售商品，用语标准，主动介绍商品，耐心细致回答旅客问询，递送商品时，动作迅速，双手端拿。

送餐服务礼仪规范

（五）终到作业

终到前 30 分钟，做好清扫餐车，清点商品。

终到前 2 分钟，在吧台立岗，运用 30° 鞠躬礼与送别旅客。

（六）退乘作业

做好商品清点交接，参加退乘会，汇报餐车销售情况，倾听当趟乘务工作总结，列队退乘。

项目训练

实训项目	在动车实训室进行为期两周的高速铁路客运服务礼仪训练
实训目标	1）促使学生结合工作情境，运用高铁服务语言礼仪。 2）促使学生结合工作情境，运用高铁客运站服务礼仪。 3）促使学生结合工作情境，运用高铁列车服务礼仪。 4）培养学生对高铁工作的热情
实训内容及组织	由教师组织，学生4～6人组成小组，根据以下题目进行高速铁路客运服务礼仪模拟训练。 1）播音员岗位体验：欢迎词、禁烟通告、到站提醒、车站介绍、送别词等。 2）列车中服务语言的运用。 3）安检员服务礼仪训练。 4）问讯处服务礼仪训练。 5）候车厅服务礼仪训练。 6）验票员服务礼仪训练。 7）列车员服务礼仪训练。 8）餐服员服务礼仪训练
实训考核	1）每组提交一份实训报告。 2）各组组长进行汇报。 3）教师根据各组的实训报告与训练成果进行评估

项目六　高铁客运人员职业道德

任务 1　铁路职业道德认知

道德规范是各行业职工最基本的行为准则，是爱岗敬业的基础。良好的铁路职业道德认知是培养铁路职工良好的职业道德、建设社会主义和谐铁路的前提和重要保障。铁路行业要求职工认知领悟并学习铁路职业道德认知，并服务于工作流程中。

教学目标

1. 知识目标

理解道德、职业道德及其基本内涵；掌握铁路职业道德的含义、性质和特征。

2. 能力目标

能够运用铁路职业道德自觉规范自己的言行举止。

3. 素质目标

能够提升学生职业道德意识，为建设和谐铁路铺垫。

案例分析

案例 1：于本蕃（中国铁路青藏集团有限公司格尔木工务段望昆线路车间党支部书记），扎根“生命禁区”，守护高原天路，挑战生理极限，他勇创一流，护佑天路安澜。海拔虽高，高不过他的养护信念；风暴再强，也吹不变他的初心。十五载苦磨砺，寒来暑往不畏难。怀揣一片赤诚心，于本蕃和他的团队在天路之巅，写满了忠于职守的拼搏与奉献。

案例 2：“2020 年感动交通十大年度人物”推选宣传活动结果揭晓，中铁二局项目经理胡彬荣获“2020 年感动交通年度人物”荣誉称号。中老铁路承载着老挝人民由“陆锁国”变为“陆联国”的发展梦想，同时是中老两国最高领导人亲自推动的政府间合作项目、服务“一带一路”建设的标志性工程，是中国与老挝、东盟实现互联互通、共同发展的重要通道。在修建长达 420 多千米的中老铁路沿线中，胡彬带领着他的团队克服多变的气候特点、战胜复杂的地理条件，秉承着开路先锋精神，扎实推进万象梁场、孟塞梁场、万荣梁场以及全线铺轨标等 4 个标段的施工建设，成为中老铁路建设队伍里名副其实的“铺架尖兵”。他带领团队成功打造了“一带一路”首座异域梁场，全面整合了“一所三场六大队”建设管理布局；先后实现了“一带一路”桥梁首制、首架，中老铁路轨道首焊、首铺以及万象—琅勃拉邦铺轨贯通等节点目标，正是由于像胡彬同志这种不怕艰难，勇担责任的铁路人，中国铁路集团才会发展得越来越好，我们伟大的祖国也越来越繁荣昌盛。

思考：通过以上 2 个案例思考，道德的概念是什么？它和铁路职业道德之间有什么样的联系？

一、道德的概念

道德是以善恶评价为标准，依靠社会大众共同倾向的意见、风俗习惯和人们的自觉的道德评价力量来调节人们参与社会活动时应遵循的行为规范、准则的总称，属于社会意识形态的一种，它是人们共同遵守的原则和规范。

首先，道德是行为是否规范的参考准则，道德作为行为准则来指引人们的行为规范；其次，道德行为是评价一个人真善美的标准，道德可以对人的善与恶、是与非进行社会评价，人的道德一经形成，就具有一定的稳定性，但道德也会随着人赖以生存的经济基础的变化而变化。

二、职业道德的基本内涵

职业道德的基本内涵分为广义和狭义：广义职业道德指从事各种职业活动的人员必须遵循的行为准则，包含了从业人员与服务对象、职业与职工、职业与职业之间的关系；狭义职业道德指从业人员在职业活动中应遵循的行为准则和规范，这些准则与规范能体现出对应的职业特征，并调整一定的职业关系。

三、铁路职业道德的性质和特征

（一）铁路职业道德的性质

我国国家性质决定了铁路职业道德具有以下显著特质：其一，铁路职业道德与社会主义社会所提倡的集体主义道德是一致的。其二，基本原则是指职业道德体系中处于中心地位的观察和处理问题的准绳，铁路职业道德的基本原则是“人民铁路为人民”。其三，铁路职业道德和员工根本利益的一致性，决定了铁路员工在具体工作中应有高度主动性并能够自觉践行铁路职业道德。

（二）铁路职业道德的特征

铁路运输生产及其职业活动特点，决定了铁路职业道德具有自身的鲜明特色（如图 6.1.1），主要有以下两方面内容：

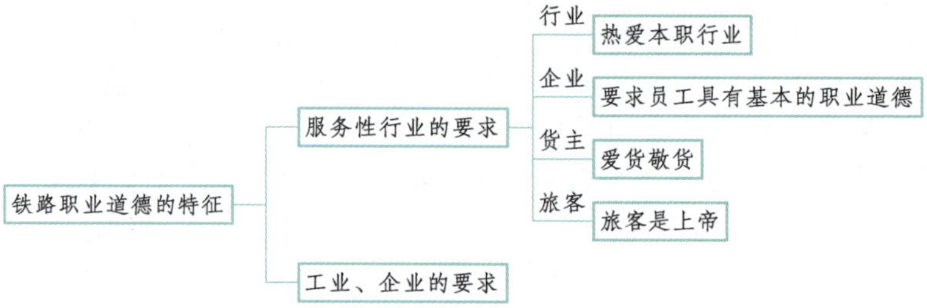

图 6.1.1　铁路职业道德的特征

1. 铁路职业特征既包括服务性行业的要求，也包含工业、企业的要求

铁路职业特征要求铁路职业有高尚的道德和情操，热爱自己的行业及本职工作，树立“旅客、货主是上帝”的服务观念，保护消费者的合法权益。因此，铁路职业道德要求铁路所有部门和对应的服务岗位员工牢固树立并遵守职业道德情操。

2. 铁路职业道德与铁路员工职业纪律是息息相关的

铁路运输生产过程是一个动态的服务过程，必须以铁的纪律来维持正常的生产秩序，还要有严格的制度体系来保障生产过程的顺利进行。同时，铁路员工队伍管理严格、职业素质规范、有着“准军事化管理”的管理制度与管理层次。如未遵守纪律和相关管理规章和制度，稍有不慎就容易引发重大或特大的不良后果。因此，作为铁路工作人员，必须拥有从事铁路工作所需最基本的职业道德。

四、铁路职业道德建设的意义

铁路职业道德是当代社会对铁路提出的行业道德基本要求，是在社会主义革命和建设过程中形成与发展的铁路行业道德规范，是需要所有的铁路职工共同遵守的道德规范和行为准则，比起其他行业的职业道德，铁路职业道德具有复杂性，同时铁路职业道德的特点、地位和用途也发生了翻天覆地的变化，铁路运输是当前我国客运运输的主力，对国民经济的增长有重要的作用，铁路能否提供安全优质的服务不仅关系到铁路行业自身的发展，更关系到社会的和谐。因此，增强铁路职业道德建设工作具有非常重大的意义，铁路职业道德建设的意义主要体现在以下 4 个方面：

（一）加强铁路职业道德建设是实现铁路运输安全和优质服务的客观要求

铁路运输服务内容的特点及其构成要素直接决定了铁路运输生产过程具有自己独特的属性，这些属性对铁路职业道德的水平要求更高、更严格。

（二）铁路运输生产过程的特殊性决定了铁路职业道德建设的重要性

铁路运输过程与员工对客服务过程是同时进行的，生产过程同时表现为对客服务过程。这种特殊属性对铁路客运人员的整体素质有了更高的要求，同时也体现了铁路职业道德具有更高的意义，铁路司机安全驾驶，动车组列车员热忱服务，售票员熟练出票，值机员严格交接，货运员尊客爱货，这既是提高铁路运输生产质量的要求，也是为旅客、货主服务的内容，这一属性要求铁路员工具有较高的道德素养，以对旅客、货主高度负责的精神和忘我的劳动态度，保证铁路运输安全畅通、优质高效，满足人民群众对铁路运输的需要。

（三）铁路运输生产活动的一体性决定了铁路职业道德建设的必须性

铁路运输的核心产品是旅客或货物的空间位移，铁路运输活动并不能改变服务对象的性质和状态等，改变的只是运输对象的位移。旅客、货主所购买的是人和货物地点的位移。从旅客、货主的角度思考，他们都希望买到安全、及时、方便、经济、舒适的运输服务。从铁路企业的角度来说，整个生产过程必须保证旅客和货品的安全，这是最基本的要求，也是应有的使命，如果职工缺乏应有的职业道德意识，违法犯纪，不仅会伤害旅客和货主的利益，同时会酿成严重的后果。

（四）铁路运输生产过程的关联性决定了铁路职业道德建设的持久性

铁路生产运输过程是一体化的动态过程，这就要求每一个步骤和环节绝不能出现任何细小的问题，一着不慎，任何一个环节出现纰漏，就会满盘皆输，可能会给整个运输系统、给铁路企业造成无法挽回的损失。如果忽视职业道德的培养，不仅使旅客和货主体验不到优质的服务，就连最基本的生产运输活动也无法正常进行。因此，我们需要时时刻刻警钟长鸣，把安全放在首位，把尊客爱货、优质服务作为职工职业道德教育的关键点，引导员工树立正确的价值观，培养员工端正正确的职业道德观念，使每个员工真正具备全心全意为旅客、货主服务的服务意识，体现铁路企业“人民铁路为人民”这一根本服务宗旨。

五、建设和谐铁路与铁路职业道德的关系

推进社会和谐是践行中国特色社会主义核心价值观、实现国富民强、增进人民福祉的重要保障之一，构建和谐铁路理应成为推进和谐社会建设的重要途径之一。

（一）构建和谐铁路对铁路职业道德提出了新的要求

建设和谐铁路充分体现了党中央提出的重大战略思想之一，明确体现了铁路服务社会、促进社会和谐发展的社会责任感。这对于促进铁路和谐科学发展，推动铁路各项政策的贯彻落实和党的理论创新成果的形成具有重要意义。习近平总书记在党的十九大报告中明确指出，我国社会主要矛盾已转化为人民日益增长的美好生活需要和不平衡不充分发展之间的矛盾。“全心全意为人民服务”是铁路的服务宗旨，人民对铁路日益增长的需求是铁路发展的根本动力。只有这样，我国铁路才能为减少和化解我国主要社会矛盾这一重大政治任务作出相应的贡献。

（二）培养铁路职工良好的职业道德是构建社会主义和谐铁路的前提和重要保障

构建和谐铁路，首先要培养铁路职业道德。保护和弘扬铁路职业道德，构建和谐

铁路，有以下 7 个方面的作用：

1）有利于促进安全文化建设和安全生产经营。

2）有利于树立创新的服务理念，提高铁路服务质量。

3）有利于培养良好的路风，促进铁路职工、铁路和旅客之间和谐的人际关系。

4）有利于提高铁路干部的综合素质。

5）加强铁路职工职业道德建设是构建和谐铁路的前提；铁路的焦点工作是构建和谐铁路。加强铁路职业道德建设，要围绕这个焦点展开，以适应新时期、新任务、新态势的要求，鼓励广大铁路职工树立高尚的职业道德，营造和谐的铁路文化氛围，为建设和谐铁路贡献自己的所有光和热。

6）有利于拓宽职业道德内涵，更好地构建和谐铁路。在构建和谐铁路的要求下，加强铁路职业道德建设的首要任务就是构建和谐的理念、精神和文化，树立和谐铁路风尚，以此促进人类的全面发展，提升社会的进步。

7）有利于坚持知识与实践的和谐统一，将铁路职业道德要求转化为促进铁路和谐的自觉行动；铁路改革和发展站在新的历史起点上，铁路职业道德建设的环境、对象和内容发生了翻天覆地的变化。作为铁路工作者，要适应新的发展形势，开阔视野，开阔思路，在继承和发扬铁路优良传统的基础上，进行职业道德的沟通，传承，转化和创新，使职业道德建设贴近实际，贴近员工、贴近生活，积极创新，适应建设和谐铁路的新要求、新形势、新征程。

任务 2　铁路职业道德宗旨和基本规范

掌握铁路职业道德宗旨，养成良好的基本工作规范是铁路职工工作的基础，这就要求铁路职工将“人民铁路为人民”的基本服务宗旨和八大铁路职业道德基本规范有机融合，同时深入落实安全防控，规范安全管理，培养良好的道德修养，真正做到全心全意为旅客、货主服务。

教学目标

1. 知识目标

了解“人民铁路为人民服务”的内涵和铁路职业道德的宗旨；掌握铁路职业道德的基本规范。

2. 能力目标

能够将铁路职业道德宗旨和基本规范运用到今后的工作中。

3. 素质目标

树立“人民铁路为人民”的宗旨，提升服务意识与专业素养。

案例分析

让"人民铁路为人民"的庄严承诺掷地有声

2020年9月8日，全国抗击新冠肺炎疫情表彰大会在北京举行，这标志着中国抗击新冠肺炎疫情斗争取得了重大成果，这离不开各行各业在危急关头的挺身而出、勇挑重担。其中，作为支撑国家重大战略实施的"火车头"，铁路部门始终坚持向险而行的大无畏精神和精准高效的运输保障，在贯穿整条抗疫时间线的每一个关键节点，让"人民铁路为人民"的庄严承诺掷地有声。

去年年尾，新冠肺炎疫情于江城武汉爆发。一时间，传承千年、喜庆祥和的春节被"封城"和"隔离"等热词取代，高速流动的中国也仿佛突然被按下了"暂停键"。在这个关键时刻，铁路部门将保障疫情防控和生产、运输生活物资当成彼时最紧迫的政治任务来抓，发动抗疫先锋队火线出征、星夜驰援。其中就有荣获全国抗击新冠肺炎疫情先进个人的动车组司机周冬长，他在申请担当援鄂任务时这样说道："我是一名老党员，退伍军人出身，只要组织需要，我义无反顾！"在那段与时间赛跑的日子里，他和数百万坚守岗位的铁路人一道，坚持人民至上、生命至上，以坚定果敢的勇气和坚韧不拔的决心，切实保障了铁路运输大动脉的安全畅通，为疫情防控开辟了宝贵的生命通道。

——《经济日报》

思考："人民和铁路"的关系是什么？和铁路职业有什么必然的关联？

一、"人民铁路为人民"与铁路职业道德的关系

（一）"人民铁路为人民"是铁路职业道德的总纲及精髓

"人民铁路为人民"回应了如何处理参与铁路运输生产过程的国家、社会、集体和个人的利益。有了这个目的，我们就可以充分理解铁路工作的本质。铁路职业道德的几个基本标准，如爱路护路、负责任、尊重顾客和货物、欢迎和关怀，是这一目标和基本标准的实现和专业化。

（二）"人民铁路为人民"是保障铁路经济效益和社会效益的前提和条件

铁路是中国乃至世界的基础设施设备，也是社会经济发展的大动脉和公共交通工具。它具有基础性、公益性和行业性。在铁路生产活动中，它必须涉及国家、社会、公司和工人的利益。这些利益之间存在矛盾，解决这些矛盾的原则是公司服从国家，党服从整体，个人服从集体，这就是坚持"铁路是人民群众的铁路"。

（三）"铁路为民"是铁路职工职业道德实践的行动指南

在社会主义国家，人民之间是平等友好的合作关系，铁路部门和其他生产部门也是平等互助的团结合作关系，铁路员工在工作活动中，要规范言行，全力为旅客、货

主服务，为全社会服务，践行铁路员工的职业操守和良好的职业道德水平。

（四）“民心铁路”是铁路职工正确价值观和职业良知的体现

铁路工人共同设定的价值观是“人民的铁路”。这种坚持指导着铁路员工在商业活动中的行为选择和价值体现，并决定了铁路官员必须树立这一专业理想，坚持初心，把人民的利益、货主和旅客的利益放在首位，一心为民。

二、铁路职业道德基本规范

铁路职业道德基本规范

《铁路职业道德基本准则》是铁路员工在工作过程中必须遵守的行为准则和道德规范，是对铁路服务人员行使“人民铁路为人民”这一基本原则的具体体现，是构建和谐铁路的重要关键环节。铁路服务人员必须牢记铁路职业道德基本规范，将其八大点要求（图 6.2.1）铭记于心，身体力行，践行在工作过程中。

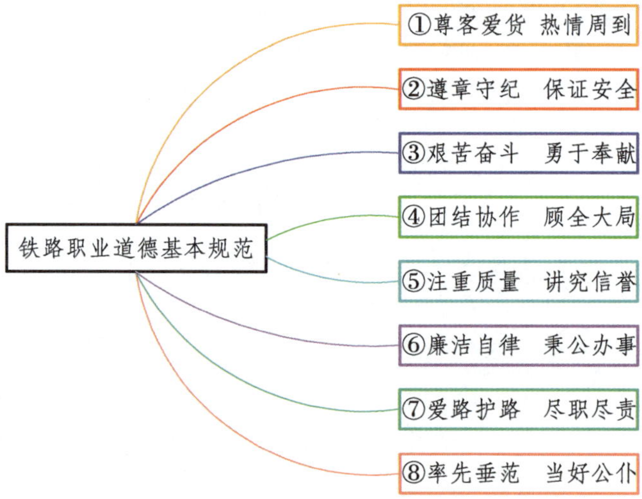

图 6.2.1 铁路职业道德基本规范

（一）尊客爱货、热情周到

尊客爱货指铁路职工对服务对象的态度和道德情感的集中展示和呈现，也是铁路职业道德的最基本要求，铁路职工必须实现“人民铁路为人民”这一根本服务宗旨，全心全意为旅客、货主服务，树立“全面为人民服务”的理念，自觉履行职责，始终尊重客货双方的意见和意愿，随时维护旅客的合法权益，及时为旅客、货主解决实际问题，通过主动、热情、周到的服务，乘客和货主能够真正感受到铁路工人对人民和社会的热情和责任感。

热情服务指铁路员工在为广大旅客和货主提供服务的过程中，体现出热情和善意。它要求铁路员工在工作过程中，通过标准化的外貌、文明的言语、娴熟的操作技能和热情细致的服务，实现以客户需要为导向的根本服务目标。

（二）遵章守纪、保证安全

1. 遵章守纪、保证安全的含义

遵章守纪指的是铁路员工在工作过程中，始终按照铁路企业规定的各种行为准则，认真完成生产作业。遵章就是尊重客观规律；守纪即要求铁路工人在工作过程中遵守劳动纪律和作业纪律，进行标准化操作，杜绝违纪行为的发生。

保证安全指的是在铁路这个大的运输机器中，铁路的运输生产部门、各服务部门、铁路所有员工在工作的各环节中，都要有条不紊地开展生产运输工作，以保证生产过程中的绝对安全。铁路安全保证主要指行车安全、人身安全、设施安全、消防安全等。这里讲的安全主要是行车安全，安全是铁路运输集团永恒的主题，也是铁路企业的生命线，是铁路的生命线。

2. 遵章守纪、保证安全的基本要求

遵守规则和纪律并确保安全是铁路系统的最基本的要求，在发展社会主义市场经济、构建和谐铁路的历史条件下，它具有重要的意义。安全是推动铁路改革和发展的重要前提和根本保证；铁路员工要把安全作为铁路的首要责任，同时铁路职工要践行《铁路安全管理条例》的相关要求，认真学习最新铁路安全管理条例全文中的总则、铁路建设质量安全、铁路与专用设备质量安全、铁路线路安全、铁路运营安全的相关知识，并且铭记于心，铁路高层管理人员、中层以上干部要充分意识到铁路安全的极端重要性，充分认清肩负的重大安全责任和历史使命感，以高度的责任感和严谨务实的工作作风，深化安全风险管理体系，不断改革创新安全管理体系，提高安全管理水平，夯实安全工作基础，确保铁路企业持续稳定健康发展。作为铁路员工，我们要时刻坚守遵章守法、保证安全的相关要求，同时要做到以下几点：

（1）安全是铁路的“饭碗工程”

保障安全是铁路工作永恒的主题，确保铁路安全畅通是铁路企业必须履行的社会责任，是铁路企业在激烈市场竞争中生存的根本所在，是推进铁路改革发展的前提条件，确保铁路安全具有重大的意义。

1）确保铁路安全，是铁路企业的社会责任。国家一贯高度重视安全生产工作，强调要始终把人民生命安全放在首位，以对党和人民高度负责的精神，完善制度，加强管理、强化责任、加强管理、严格监管。铁路是全球运输系统的重要组成部分，是一种大众化的交通工具，关系着人们的生产生活。铁路安全问题，不仅事关铁路自身的形象和发展，还事关党和政府的形象和声誉。我国每年通过铁路出行的旅客已经突破 20 亿人次，相当于全国平均每人每年有 1.5 次的出行需要乘坐火车。铁路安全涉及千家万户，关系着广大人民群众的切身利益；确保铁路安全畅通，关系着经济社会持续健康发展。

2）确保铁路安全，是铁路企业的生存之本。铁路管理体制改革，揭开了铁

路走向市场，在市场竞争中生存和发展的新篇章，铁路公司只有在没有安全失误的情况下才能获得更好的经营业绩。没有安全何谈效率？效率决定质量和发展速度，效率低下终将被市场淘汰。安全是包括效率在内的一切的基础。安全不稳，运输秩序必将被打乱，运输效率也会被影响，正所谓“覆巢之下，安有完卵”？没有安全，何谈市场竞争力。安全作为衡量运输服务高低最重要的指标，对市场竞争起着决定性作用。因此为提高铁路运输市场的占有率，增强运输市场竞争力，一定要确保安全。

3）确保铁路安全，是铁路企业的发展基础。安全是铁路运输的生命线。“安全责任重于泰山”同样道出了安全对于铁路发展的极端重要性。铁路改革发展包含安全、服务、经营、建设、管理、科技等诸方面的发展，没有安全的发展就不能称之为科学发展，更谈不上全面发展。安全之于发展，如同木板之于木桶，一个木桶无论有多高，它盛水的高度取决于其中最低的那块木板。安全不稳，路无宁日。有序可控、持续稳定安全基础得不到保证，工作节奏势必会被打乱，发展进程也将被延误，各项重点工作的稳步推进也难以为继。铁路的发展，既要依靠全体铁路干部职工的辛勤工作，同样也需要依靠良好的外部环境。只有确保安全，才能获得社会各界和广大人民群众对铁路工作的理解和支持，为铁路改革和发展创造良好的环境。

（2）“三点共识”和“三个重中之重”

1）牢固树立“三点共识”。在铁路集团的安全理念中提到：“任何时候都把安全作为大事来抓，任何情况下都把安全放在第一位来考虑，任何影响安全的问题都要立即解决。”因此，“三点共识”从理念引领、思想意识的高度，强调了确保安全的重要性，作为“饭碗工程”，铁路职工应当把安全风险意识牢固根植于头脑深处，贯穿到整个运输生产过程中。

① 任何时候都把安全作为大事来抓。安全，是每一位铁路人的首要职责，对于事关安全的任何一项工作，都不能轻视、小视、忽视，铁路人都应当秉持安全工作无小事的原则，牢固树立如临深渊、如坐针毡、如履薄冰的忧患意识和保安全就是保“饭碗”、保安全就是保发展、保安全就是保幸福的责任意识，紧绷安全弦筑牢安全线，时刻把安全放在最高的位置，集中精力、精益求精地做好每一项工作。

② 任何情况下都把安全放在第一位来考虑。铁路行业应该始终把安全作为头等大事来抓，处理好安全与发展的关系。这就要求铁路系统的每一个单位、每一个部门、每一个岗位纷纷树立安全共识，将解决影响安全的问题作为首要工作任务。把与安全相关的工作放在最重要的位置，坚决做到安全第一，服务安全第一，保障安全第一。

③ 任何影响安全的问题都要立即解决。安全责任重于泰山。确保铁路安全，才是铁路企业的长足发展基础，这要求铁路工作者时刻绷紧安全这根弦，对影响安全工作的每一个细小问题，都要以高度的责任感与事不过夜、事无巨细、事必躬亲的态度，不存侥幸心理，第一时间处理、第一时间解决，并及时消除隐患，绝不拖拉延误，确保铁路安全，“把旅客列车安全作为铁路安全的首要任务，把加强安全管理作为各项

安全工作的重中之重，把抓好落实作为加强安全管理的重中之重”是消除安全风险、夯实安全基础的现实要求。

2）切实把握“三个重中之重”。安全无小事，铁路运输生产与人们的日常生产活动紧密相关。随着我国铁路的快速发展、铁路日发车次的不断增加，安全生产对于铁路运输越发重要。安全是铁路运输生产最基本的要求，作为铁路职工，安全的警钟要长鸣，要牢固树立安全意识，将“三个重中之重”贯穿到工作的始终。思想决定行动，观念驱动行为，铁路的主要责任是强化安全风险意识，树立正确的安全生产观念。全路干部职工要切实把“三点共识”和“三个重中之重”作为基本原则齐抓共管，并转化为良好的安全习惯，牢牢掌握安全工作的主动权。

① 把客车安全作为铁路安全的重中之重。铁路作为国家重要的关键基础设施与重大民生工程，确保铁路安全直接关系人民安全与健康，因此铁路人当始终坚持把确保旅客列车安全作为“大如天”的责任，自觉以旅客列车安全为重点，配齐配强人员、设备等技术力量，强化客车安全管理，建立健全高铁应急处置体系，尽一切努力防止高铁和客车安全问题的发生，确保路畅人安，行稳致远。这既是铁路工作的政治红线也是其职业底线。

② 把加强安全管理作为安全各项工作的重中之重。安全工作只有起点，没有终点，安全管理是铁路安全整体工作中的生命线，所有铁路员工要深刻认识“问题在现场，原因在于管理，根源在干部”的重要结论，千头万绪勿忘安全第一，统筹兼顾恒念安全为先。夯实源头安全基础，突出责任主体，建立和落实各级安全管理职责，科学界定联合部门的管理工作，通过各级组织、各级干部的层层负责，真正把安全工作的责任和要求落实下去。

③ 将实施作为加强安全管理的首要任务。着重强调管理的重点在于抓实施，在每一个层级和岗位上都要做到位，抓好“落”的过程，确保“实”的效果。同时铁路员工对待安全工作必须要有敬畏意识、红线意识，在目标上高一格，在要求上严一扣，使高标准、严要求不仅成为一种工作的态度，更成为全路上下的一种习惯。要通过岗位实践强化习惯养成。习惯形成于日常，只有在日常的岗位实践中自觉地规范管理行为和作业行为，坚持执行管理和作业标准一丝不苟，不漏掉一个作业环节，不违反一项作业标准，才能在日复一日的学标、对标、达标中不断校正不良行为，最终养成良好的行为习惯。要通过约束机制强化习惯养成。把严格遵守各项规章制度作为铁的纪律，用零容忍的态度和严厉的考核措施对待危及安全的行为，使违章违纪行为付出代价，使违章违纪人员受到教育，只有这样，安全无小事才能植根于意识，形成常态管理。

（3）大力推进以“三化”为核心的安全风险管理

完善风险管理制度，铁路集团要大力推进“三化”建设，深化安全风险管理，担负起保证安全的重要职责，以检查整改常态化、安全管理标准化、现场作业标准化为重点，大力推进安全风险管理，夯实安全管理基础建设，加强安全生产过程监督控制，不断提高铁路安全管理水平。

大力推进安全管理标准化、规范化。推进安全管理标准化是规避源头安全风险的重要保证，能强化安全管理基础，提高管理水平。紧紧围绕铁路安全风险的主要来源“管理问题”，完善管理岗位的安全责任，加强安全过程控制，严格绩效考核管理，建立符合新体制、新机制要求的安全管理体系和有效的安全管理机制，努力提高安全管理水平，同时要做到如图 6.2.2 所示的 9 点。

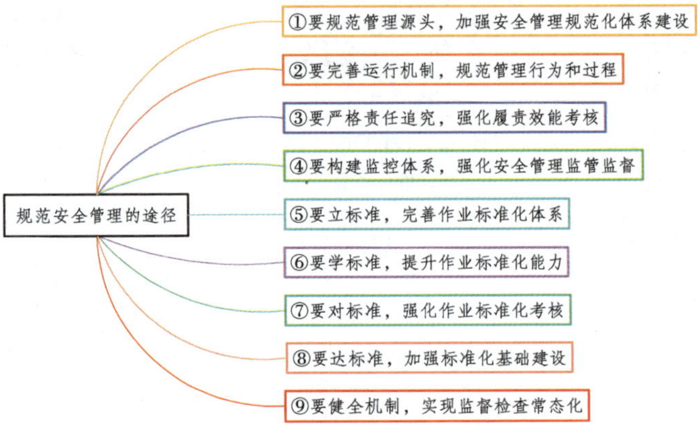

图 6.2.2　规范安全管理的途径

（三）艰苦奋斗、勇于奉献

1. 艰苦奋斗、勇于奉献的含义

艰苦奋斗指不畏艰难困苦，迎难而上、不畏牺牲，甘愿为国家和人民利益作出贡献的英勇顽强的奋斗精神。

勇于奉献指通过自己的岗位工作，自觉地为社会和他人作出贡献的一种无私奉献的精神，是职业道德的出发点和归宿。勇于奉献是从业者职业道德专业培养的最终目标。

2. 要求铁路职工艰苦奋斗、勇于奉献的原因

1）艰苦奋斗、勇于奉献是继承人民铁路的光荣传统和鼓舞铁路职工奋斗的精神力量。

2）艰苦奋斗、勇于奉献是建设和谐铁路的需要，是党和人民的希望和要求。

3）艰苦奋斗、勇于奉献是建设中国特色社会主义事业的需要。

3. 艰苦奋斗、勇于奉献的基本要求

艰苦奋斗、勇于奉献是铁路的光荣传统，是推动铁路事业发展的精神动力和内驱力，这就要求铁路职工必须继续发扬艰苦奋斗、敬业奉献的高尚职业道德，为中国铁路事业的发展作出贡献。作为新一代的铁路人要做到以下 3 点：

1）树立艰苦奋斗、乐于奉献的精神。“天将降大任于斯人也，必先苦其心志，劳其筋骨，饿其体肤，空乏其身，行拂乱其所为，所以动心忍性，增益其所不能”，这句至理名言高度总结了艰苦奋斗、甘于奉献的精神，同时习近平同志在党的十八

大报告中也强调要坚持艰苦奋斗，勤俭节约的优良作风，下决心改进生活中存在的不正之风，努力纠正贪污腐化、平庸懒惰、铺张浪费等不良风气，坚决抵制形式主义和官僚主义，用良好的党风凝聚党和人民的心，推进中国特色社会主义政风民风建设。同时我们要坚守党的引领，时刻跟党走，发扬艰苦奋斗的作风，树立勇于奉献的信念，与时俱进，开辟创新。

2）养成勤俭节约的工作作风。弘扬民族精神，厉行勤俭节约，生活中杜绝奢靡浪费。当前，我国铁路正处在改革调整、发展创新的重要阶段，需要广大铁路职工共同养成勤俭节约的传统美德与艰苦奋斗、克勤克俭、励精图治的职业精神。

3）努力学习，开拓创新。学习是新时代青年增强修养、提高本领、做好工作的前提。随着科技的创新，当今社会蓬勃发展、风云变幻，我们在各自的工作岗位上需要面临新挑战、新要求，只有顽强拼搏、迎难而上、不断创新，才能适应各类环境，进一步提高自身工作业绩。

（四）团结协作、顾全大局

在工作过程中，铁路职工必须从大局出发，服从集体利益，立足本职，密切合作，通力合作，处处顾全大局，事事团结，共同完成铁路运输任务。

（五）注重质量、讲究信誉

讲质量、重信誉是铁路公司和职工必须具备的职业道德素质，是从业者干部的责任和义务，是尊重职业道德的基本要求。铁路部门应视旅客为亲人，视货物为珍宝，以树立铁路公司的良好声誉。同时坚决杜绝野蛮恼客、野蛮抛货和野蛮下流的行为和言语，注重质量和信誉是铁路职工必须尊重的职业道德，是“大众化铁路”的目标，是铁路企业参与市场竞争的必然要求。

（六）廉洁自律、秉公办事

坚持廉政建设，反对消极腐败是铁路工人奋斗的目标，各级领导干部政治上是否廉洁，关系到中国特色社会主义事业的成败，因此，铁路职工的廉政建设是实践党的根本宗旨的必然前提，是适应艰苦复杂环境的迫切需要，是领导干部实现人生价值的重要保证。

（七）爱路护路、尽职尽责

保护铁路运输设施的完善，维护铁路良好的公共安全秩序，是保证铁路运输生产正常运行的基本条件。铁路职工不仅要努力完成自己的任务，做好本岗位各种设备的维修保养工作，而且有义务、有责任照顾和保护旅客和货主的生命财产安全，保护所有铁路设施免受损坏，保持良好的安全和铁路秩序。

（八）率先垂范、当好公仆

加强铁路职业道德建设，铁路事业的领导干部必须站在第一线，率先垂范、当好公仆，成为铁路职业道德模范的积极职业倡导者，这是铁路职业道德建设取得成功的关键。

任务 3 铁路职业道德修养

良好的职业道德修养是良好的职业道德的前提，职业道德修养的途径具有多样性、长期性，这就要求铁路员工掌握科学的修养途径，在工作中不断总结经验教训，不断提升自己的职业道德修养水平，同时需结合当前铁路行业的相关需求和行业实际情况，融入铁路工人守则，为培养高尚的铁路职业道德情操奠定基础。

教学目标

1. 知识目标

掌握职业道德修养的内容、途径，识记铁路职工守则。

2. 能力目标

能够运用铁路职工守则规范自己的行为。

3. 素质目标

能够运用铁路职业道德的方法提升个人修养。

案例分析

肖丽高考过后，填报了铁道运输管理专业，并以优异的成绩被学校顺利录取，在校期间肖丽成绩优异，但肖丽有一个最大的问题就是群体意识淡薄，在集体利益和个人利益发生冲突时，不顾众人反对而选择个人利益。她孤僻的性格和自私的行为惹来一阵阵非议，同时同学们也不待见她，私下纷纷议论她人品差，这让一向心高气傲的肖丽悲愤交加，于是气愤的肖丽找到班主任诉说烦恼，班主任通过谈话告知肖丽职业道德的重要性，并细致给肖丽分析在面对利益的十字路口，该如何抉择，特别是面对在国家利益和企业利益、个人利益和集体利益之间如何抉择，同时将很多名人的案例讲给肖丽听，当听完班主任的话后，肖丽羞愧难当，也保证自己以后会认真改正自己的缺点，培养自己的道德情操。

思考：如果你是肖丽，你应该怎么做呢？要通过哪些方法改正自己的不良习惯呢？

良好职业道德的养成与职业道德教育是一体的，铁路职业道德建设是铁路职工养成良好的职业道德习惯的前提和根本保证，是提高铁路行业职业道德水平的关键一环，良好职业道德的培养不仅要靠“自律”，更要靠“他律”（如表 6.3.1），同时也需要铁路员工不断接受企业的培训和道德熏陶以促进职业道德的养成，铁路职业道德建设从根本意义上讲，是按照社会主义职业道德和“人民铁路为人民服务”这一根本服务宗旨的相关要求，通过自觉开展的思想教育活动来提高职业道德修养，完善个人服务品质。同时也要求铁路员工不断摒弃自身不良习惯，敢于直面自身缺点，敢于提出问题并勇于解决问题，必须自觉地在善与恶、对与错之间进行思想斗争。

表 6.3.1　自律与他律的具体表现

术　语	具体表现
自　律	成功的阶梯： 我才不做呢→我要做吗→我想做→我该怎么做呢→我得尝试去做→我能做到→这就去做→我做到了！
他　律	主要体现在道德、法律、他人、社会、家庭、亲朋好友之间的约束

在建成富强民主文明和谐美丽的社会主义现代化强国的新目标下，铁路政府有责任构建和谐铁路，为国民经济持续、健康、快速发展提供足够的动力。今天，所有铁路员工都肩负着建设和谐铁路、实现铁路现代化的历史责任。要自觉培养职业道德，不断提高职业道德水平，只有使全体员工都具有较高的职业道德水平，才能为实现构建和谐铁路的战略目标奠定坚实的思想基础。

一、职业道德修养的意义

随着社会的发展、时代的进步、经济模式的改变，人们的观念也在改变，职业道德观念的改变方向也影响着我们一代又一代的职业人。

请根据你对新旧时代职业道德观念的理解，完成下表 6.3.2 的填写。

表 6.3.2　新旧时代职业道德观念对比

旧时代滞后的职业道德观念	新时代职业道德观念	铁路从业人员的职业道德修养现状	我们应该怎样做

二、职业道德修养的内容

职业道德修养的内容是由两个方面的因素决定的：一是从业人员的职业特点、工作性质和社会对该行业岗位的要求；二是从业人员思想素质的起点及自身的优缺点。

在建设和谐铁路的新形势下，铁路从业人员的职业道德修养应当包含以下内容，请根据你的理解，填写表 6.3.3。

表 6.3.3　职业道德修养的内容理解

职业道德修养的内容	如何理解	具体表现
1.树立正确的职业理想		
2.端正职业态度		
3.精通职业技能		
4.明确职业责任		
5.遵守职业纪律		
6.珍惜职业荣誉		

三、提高职业道德修养的方法

提高自我的职业道德修养是需要自己努力去提升的，有意识地进行自我锻炼、自我教育能潜移默化地提高自己的职业道德修养。

铁路职业道德修养方法

提高职业道德修养，有以下 3 种方法，请试着写出你的具体行动方式和反思到表 6.3.4 中。

表 6.3.4　提高职业道德修养的方法

提高职业道德修养的方法	我们具体能采取什么行动	反思
1.善于学习		
2.善于实践		
3.善于内省		

四、铁路职业道德建设

职业道德建设指通过有效的途径，有确定目标、有计划地对职工进行培训，提高职工的职业道德水平，逐渐地提升整个行业的职业道德水平。加强铁路职业道德建设，提高铁路职工思想道德素养水平，是一项意义重大的基础性工程，是需要我们持之以恒地去坚守、去塑造的一个需要不断努力和毅力的项目。

（一）铁路职业道德教育

铁路职业道德教育是各级铁路组织干部职工职业道德的思想取向，为帮助广大干部职工树立正确的世界观、人生观、价值观、道德观和法制观奠定深厚的教育基础，加强职业道德建设是加强铁路职业道德建设不可缺少的重要环节，也是各级铁路组织的重要任务和首要保证，这就需要广大铁路职工深刻认识铁路职业道德教育的重要性，同时建立长效的培训机制，确保铁路道德建设得到长期支持。

（二）铁路职业道德实践活动

铁路各级领导、组织从工作的实际出发，通过开展践行职业道德的实践活动来提高职工的职业道德素质，组织开展了主题鲜明的职业道德建设活动，通过开展“服务大比拼活动”“红旗列车+红旗车厢评比活动”“化妆技能比赛”“文明礼仪操比赛”“礼仪大使选拔活动”等许多行之有效的活动方式，塑造内在气质美、外表美、行为美相统一的铁路职工形象，有力地促进了铁路职业道德的建设。

（三）铁路职业道德评价

职业道德评价是指根据一定的职业道德标准，对他人或自身职业行为的危害进行评价。它是职业道德实践中的一个重要环节，如图 6.3.1。

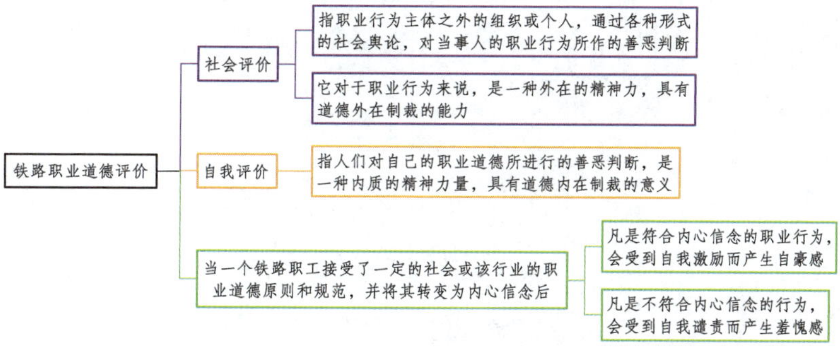

图 6.3.1　铁路职业道德评价

五、铁路工人守则

（一）全国职工守则的具体内容

全国职工守则的具体内容如图 6.3.2 所示。

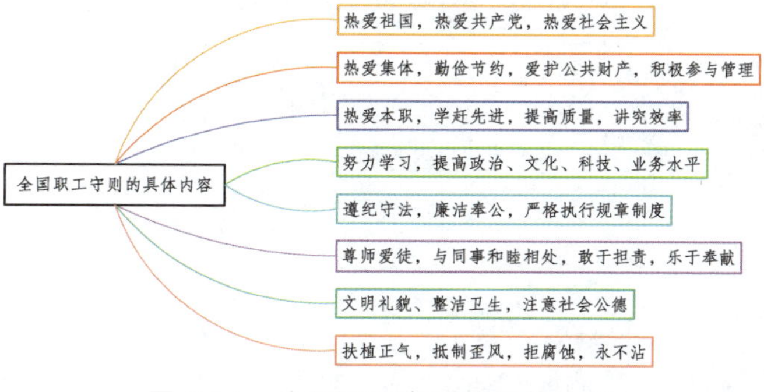

图 6.3.2　全国职工守则的具体内容

（二）铁路运输组织原则

先是中央政府，后是地方政府；先是关键，后是一般；先是计划，后是非计划。

（三）铁路服务的“十字”文明用语

请、谢谢、对不起、您好、再见。

（四）我们应该做到以下“七不”

铁路职工应做到的“七不”如下图 6.3.3 所示。

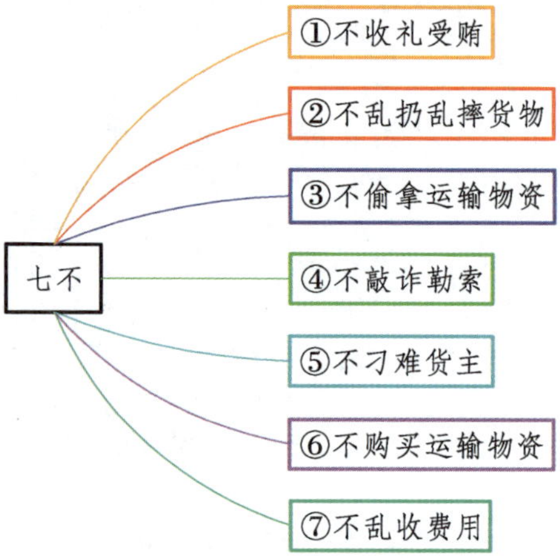

图 6.3.3　“七不”

（五）各级领导的“五个负责”

铁路行业各级领导应做到如图 6.3.4 所示的“五个负责”。

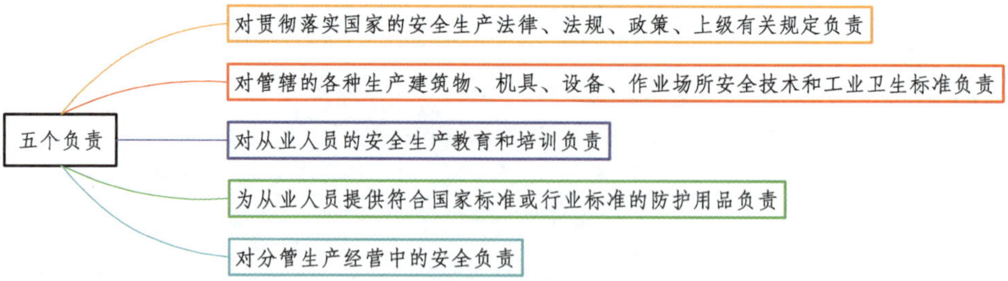

图 6.3.4　“五个负责”

（六）“八不准”

铁路职工应做到的“八不准”如图 6.3.5 所示。

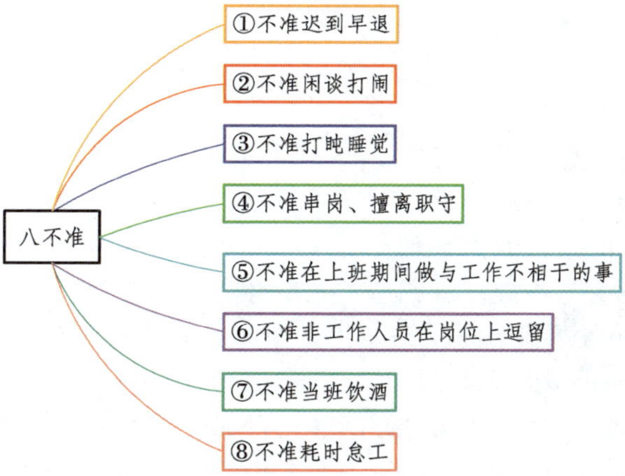

图 6.3.5 八不准

(七)“三要四心五积极”的具体内容

“三要四心五积极”的具体内容如图 6.3.6 所示。

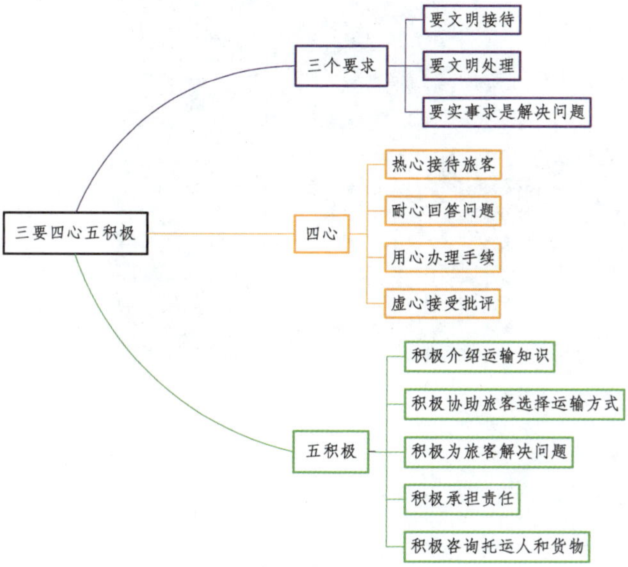

图 6.3.6 “三要四心五积极”

(八)牢记重点材料和急需材料的三种知识、四优先

1. 三种知识

困难知识、目的地知识、物资运输条件知识。

2. 四优先

验收优先、规划安排优先、运输优先、货运优先。

项目训练

1）请写出道德、职业道德概念。
2）简述铁路职业道德建设的意义。
3）建设和谐铁路和铁路职业道德关系是什么？请分类回答。
4）铁路职业道德的宗旨的内容是什么？
5）铁路职业道德的基本规范有哪些？请具体叙述。
6）安全无小事，安全重于泰山，请利用课余时间观看关于铁路安全方面的电影，并写出600字左右的观后感。
7）结合自身实际，谈谈自己在道德修养上存在哪些不能克服的问题，请简短写一篇300字左右的自述，谈谈自己的感想和改进的方法和措施。
8）观看下图6.3.7，以小组为单位，相互指出彼此身上的优缺点，并说出如何通过自律和他律的方式不断完善自我。

图 6.3.7

参考文献

[1] 本书编委会. 现代交通运输概论[M]. 北京:中国铁道出版社，2019.

[2] 潘自影. 高速铁路客运服务与礼仪[M]. 成都:西南交通大学出版社，2015.

[3] 潘自影，张磊. 高速铁路客运服务与礼仪（第 2 版）[M]. 成都：西南交通大学出版社，2019.

[4] 国家铁路局介绍《中国交通的可持续发展》白皮书[N]. 铁道技术监督，2021-01-28.

[5] 魏际刚.运输发展中的制度研究[D]. 北京：北京交通大学，2002.

[6] 庞清阁. 推动交通运输业向现代化运输业转型[N]. 中国交通报，2020-06-16.

[7] 盛光祖. 努力开创铁路科学发展新局面 更好地为经济社会发展和人民群众服务：在全国铁路工作会议上的报告（摘要）[J]. 中国铁路，2012（1）：1-3.

[8] 王璐. “十四五”铁路发展 六大重点敲定[N]. 经济参考报，2020-12-23.

[9] 中华人民共和国国民经济和社会发展第十四个五年规划和 2035 年远景目标纲要[N]. 青海日报，2021-03-13.

[10] 付桂英. 体态礼仪与形体训练[M]. 北京：北京师范大学出版社，2010.

[11] 北京市职业教育教材编审委员会，陈玉. 礼仪规范教程[M]. 2 版. 北京：高等教育出版社，2005.

[12] 江彩，路小静，徐红梅. 礼仪规范教程[M]. 2 版. 北京：人民邮电出版社，2013.

[13] 尹菲，武瑞营. 形体礼仪[M]. 北京：机械工业出版社，2007.

[14] 洪涛，杨静. 空乘人员仪态与服务礼仪训练[M]. 北京：旅游教育出版社，2011.

[15] 张英姿. 高速铁路客运服务礼仪[M]. 修订版. 北京：北京交通大学出版社，2020.

[16] 殷小娟.《论语》四种英译本中有关“礼”的翻译得失[J]. 湖北经济学院学报（人文社会科学版），2014（5）：112-114.

[17] 李靖. 广州亚运礼仪文化及传播途径研究[D]. 广州：广州体育大学，2012.

[18] 李一龙. 铁路职业意识[M]. 成都：西南交通大学出版社，2009.

[19] 奚进. 铁路员工职业素养[M]. 北京：人民交通出版社，2019.

[20] 王勇平. 铁路职业道德[M]. 北京：中国铁道出版社，2007.

[21] 王跃庆. 铁路职业道德[M]. 北京：中国铁道出版社，2007.
[22] 中华人民共和国铁道部. 人民铁路职业道德[M]. 北京：新华出版社，1996.
[23] 郑州铁路局. 郑州铁路局职业道德教育简明读本[M]. 北京：中国铁道出版社，2008.
[24] 王晓庆，贺培育. 大力弘扬艰苦奋斗的敬业精神[N]. 光明日报，2002-09-07.